異鄉夢醉

艾禮——著

一個香港女生與
九個居港異鄉人的對話

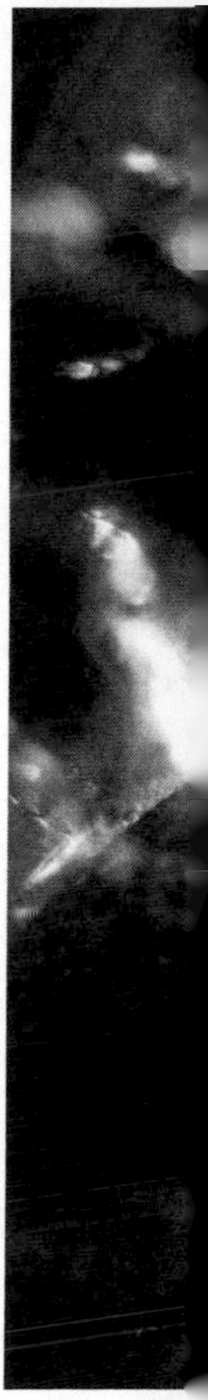

EYE
WHITE

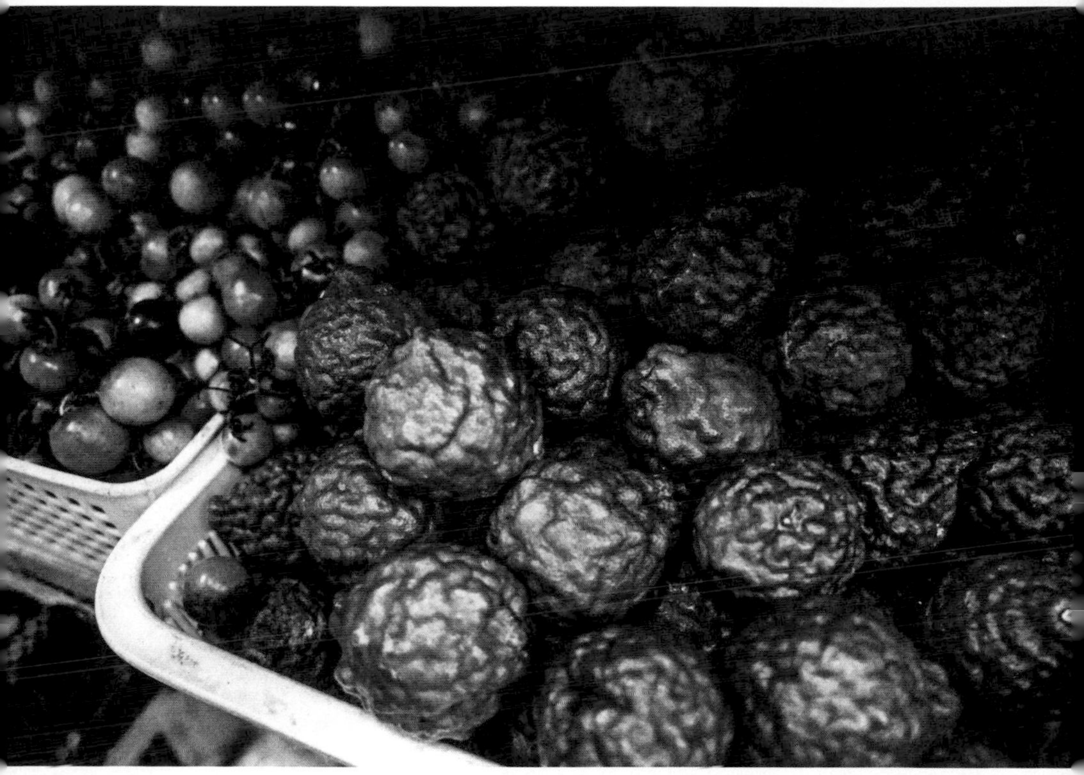

EAGLE BRAND

5198 5282
6319 7051

FRESH AND COLD
COCONUT

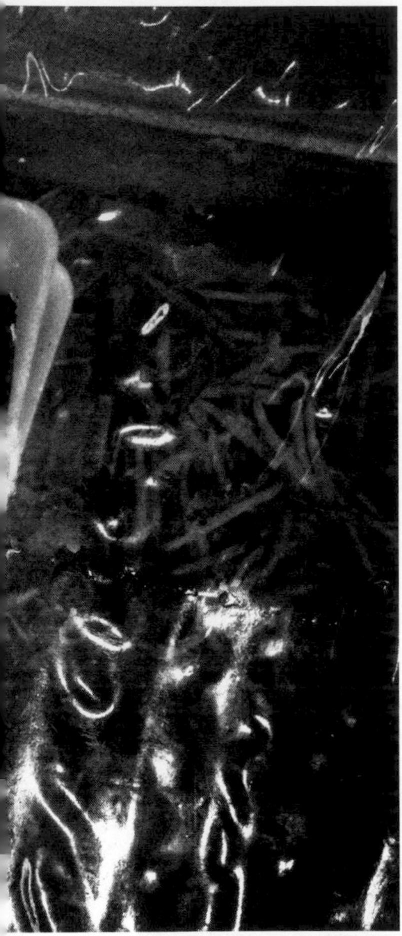

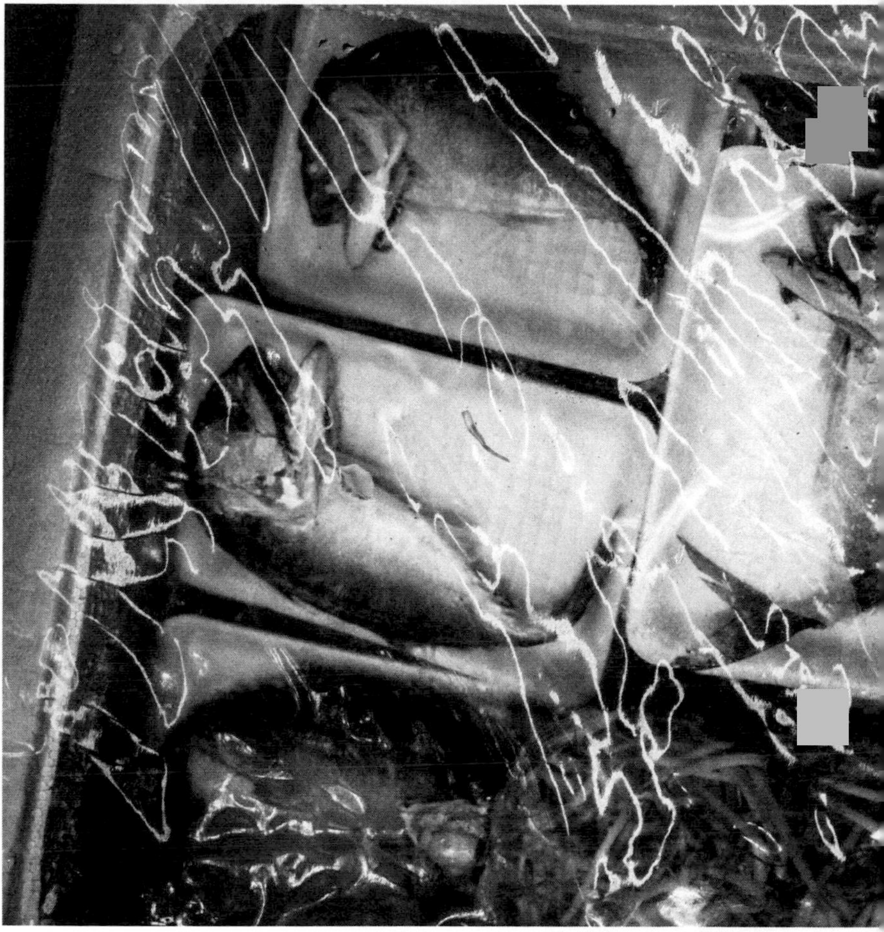

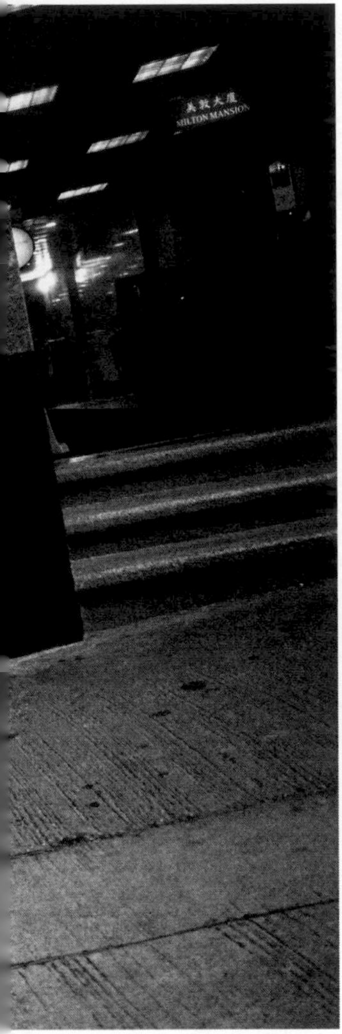
MANSION

化妝品及

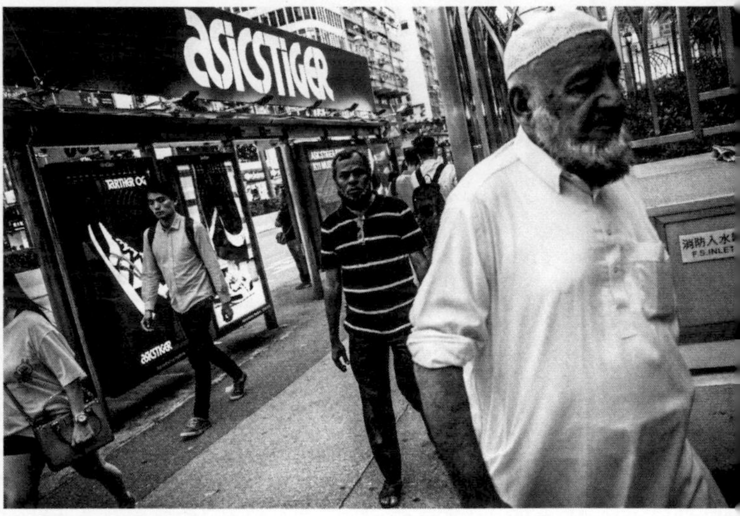
asicsTIGER
F.S.INLET

Bra
14 A
Cameron Road
14B
SONING

SONY
Clarks

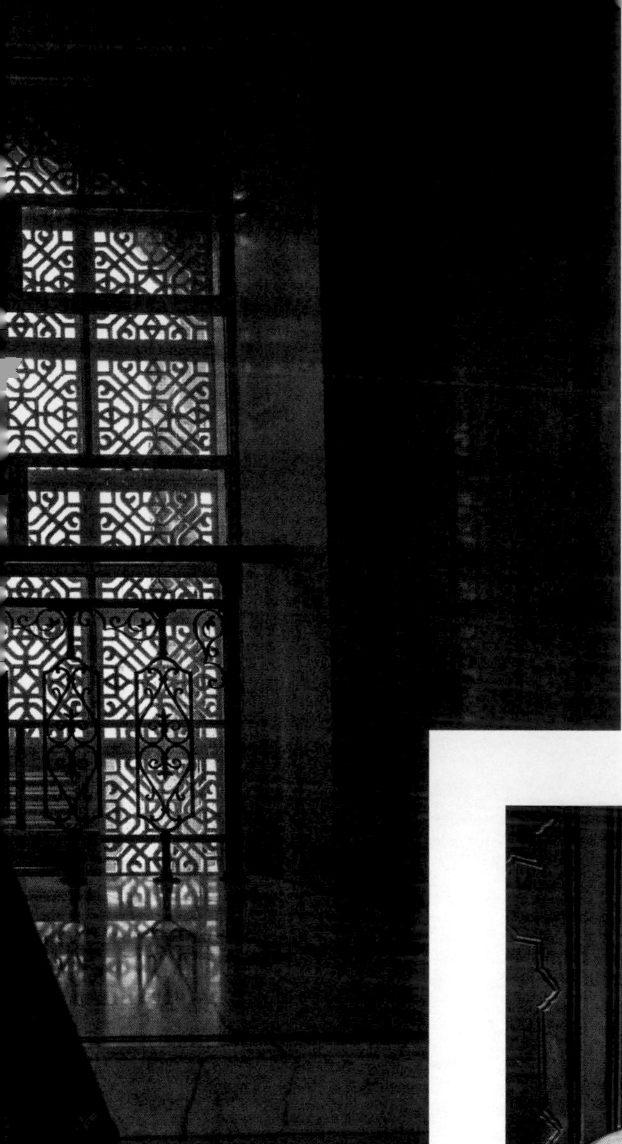

MASTER OF MATERIALS
RADO
SWITZERLAND

ROLEX
THE HOUR GLASS

101
Nigeria's
No. 1

遭遣深圳行政拘留15日

$10
ENERGY
C2
26367031

closeup
50% MORE
Modess
Lay's
Stax
ENERGEN
Pringles
CREAM SILK
Dove
48- 160g BAGS
Liberal
CLASSIC
ACIMIN
FREE 1 PACK

SONY
PS4
SONY
PS4
SONY
CASIO
DESK TOP PRINTER
IMPRESORA DE ESCRITORIO
Pioneer
DEH-P5050UB

SUILING

ORIGINAL
TABASCO
Jan
Kasuri Methi
Fortune
Cubes
Shan
Butter Chicken

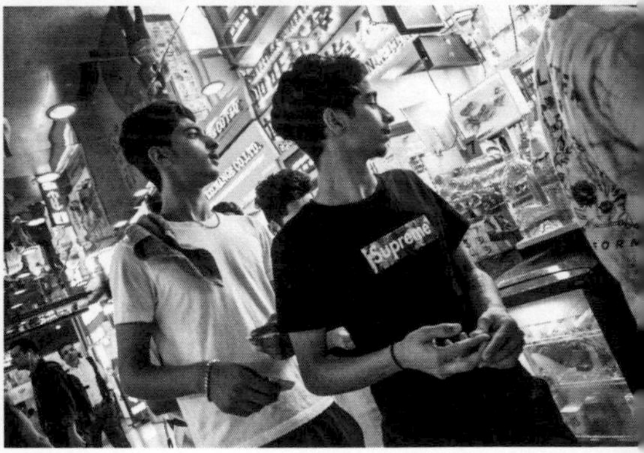
Supreme

目次

總序　GLOs人文及社會系列

GLOs研究總監　孔德維

為何知識與文字愈益廉價？這是簡單的供求定律問題，但卻要從歷史脈絡閱讀與理解。

二十一世紀經濟交流在通訊技術革新下日益頻繁，人類思維難以趕上科技的步伐。自iPhone，即第一部智慧型電話在二〇〇七年出現後，3G技術漸趨成熟，通訊模式由語音轉移至數據；一年後4G標準規範面世，如今已出現5G技術，極速提升數據速率。其下載速度比現有4G最多快一百倍，可快速連接不同機械之間的網絡，如家居人工智能，遠端醫療等。智慧型手機的發展也一日千里，推進整個資訊科技發展。其起步於二〇〇〇年代，二〇〇八至二〇一二年爆發性成長，其轉捩點在於iPhone的成長。智慧型手機引起全球轟動，也成功拉動3G用戶暴增，進至4G更高速上網時代。5G技術已達臨盆之際，不同經濟體之間在此數年難以調整自身定位，寒冬不是將至，而是已到。

資訊表述的形式影響思想的內涵，無可置疑。這就正如數學算式與圖表較文字容易表達抽象思維與邏輯。當網絡世界的資訊無限氾濫，萬字長文自然較「長輩圖」與「迷因」（meme）更難「入屋」。情況就如媽媽為您的吃飯穿衣問題與您理性討論兩小時後，您會在生理上對更多的語言與文字產生嚴重不安。因此，在網絡年代表述資訊，思考的就當是上載角度與濾鏡光影，「語言」在這種表述形式中，重要性自然減退。由於大家慣於視角衝擊，複雜的論說也要化約為「懶人包」。傳統教育要群博覽群書，由「博」而「約」。但網絡圖片則是以「約」為出發點，把一萬字化成「一句到尾圖」的「小編」較作者本身更具影響力。這不只是賦予資訊第二生命，還是將之變成「迷因」（meme），再認真討論，「就輸了」。作為自我表達的工具的文字，在二十一世紀已是任何人都可以掌握的技術。在Facebook、Twitter普及的互聯網世界，文字的供應無限增加，紙媒淪落即是大勢所趨。實體報章的資訊不會比它的網上版還快，賣報紙的人自然要問：為何要買我的報紙？

資訊爆炸後，判斷哪些才是實用、高品質資訊的「交易成本」（transaction cost）極高，結果就交由社交媒體的演算法代勞。演算法除了分析用戶喜好，還會派發他們喜歡的內容。久而久之，用戶會以為自己在同溫層看到的東西就是全世界；不少人都發現自己和朋友在社交網絡中、特別是在現實不大有自信的一群，一旦被「充權」，「自我」便會膨脹，容易罵戰、變得極端，甚至有上癮和情緒問題，不能自拔。千萬不要以為這是吃電子奶嘴長大的「千禧後」獨有的問題。早在一九九七年Paul Gilster就提出「數位素養」（digital literacy）的概念，希望量度個體在網絡世界吸收資訊的能力。對在數碼世界原生的「千禧後」來說，分辨「假新聞」（fake news）就有如石器時代人類分辨毒草的能力一樣來得自然。但對工業時代長大的戰後嬰兒潮來說，作為「網絡移民」（internet immigrant），判斷有用資訊的能力就往往鬧出笑話。日常成了笑話還好，當「數位素養」影響到總統選舉時，一般程度的幽默感，大概也笑不出來。

前景一片灰暗。但在寒流之中，優質的媒體仍然穩立腳步。《南京條約》剛剛簽了一年後，在倫敦創立的老牌新聞週報《經濟學人》（*The Economist*）卻在《時代》（*Times*）、《福布斯》（*Forbes*）、《新聞週刊》（*Newsweek*）等諸多同行陷入低潮的二〇〇九年，顯著地在發行量和廣告業績上大有進帳。[1]至二〇一八年，《經濟學人》的營利仍是平穩上昇。[2]報章雜誌可藉優質與可信的文字在二十一世紀立足，書籍的出版又是可能？

念念不忘，必有迴響。這是GLOs人文及社會系列自許的定位。

1 Michael Hirschorn, "Why The Economist is thriving while Time and Newsweek fade," in *The Newsweekly's Last Stand*, July/August 2009 Issue, https://www.theatlantic.com/magazine/archive/2009/07/the-newsweeklys-last-stand/307489/.

2 《經濟學人》集團2018年年報：https://www.economistgroup.com/pdfs/2018_Annual_report.pdf。

GLOs

二〇一五年的GLO Travel及Dr. Code，開創了香港領先的深度旅遊公司，以及為兒童提供STEM課程的教育機構。這些成功故事啓發到一群香港學者與創業家，於二〇一七年成立Glocal Learning Offices，運用邦聯制的概念，讓GLOs內的二十多間公司及品牌享有完全運作自主，並為它們提供最佳土壤，以在這「Uber化」的時代設計出最佳的產品及服務。獨當一面、富有熱誠和擁有國際視野的人才聚集在GLOs的辦公室，GLOs六大產業，旅遊、創意、品味、教育、研究、社區分別為不同顧客提供獨特體驗。這些，都值得與讀者分享。我們期待在本系列中，秉承上述的理念，為讀者提供優質可信的觀點與文字。

前言

我們在追尋的時候，到底在追尋什麼？我們選擇流浪異鄉的時候，到底選擇了什麼？

旅遊大行其道，我大學時期也捉緊機會，一年起碼往外跑兩三次，意外地除了北美洲，每個洲都曾踏足，時間最長的一次在委內瑞拉住了一個半月，下一個夏天在挪威待了三個星期，相隔一年又在土耳其和埃及玩了二十天。聽起來都是一些很引人入勝的地方，很多人夢寐以求的經歷，但每次不是焦頭爛額地回香港，就是思鄉症發作，打電話給朋友大哭，或是在當地生病兩天不出門，且夾雜著一點要抑鬱。我有一個知心好友和我一樣，每次搭上長途飛機，客身異地，就各種不快樂。很多人會覺得花了錢，難得抽了時間去旅遊，就要玩得盡興。但我和我的朋友，就是忍不住悲傷，尤其身在異鄉時，不論是形單影隻，還是好友相伴，在充滿異國風情的地方，就是要悲傷。我們花一大筆錢到不屬於自己的地方耍傷感很帥嗎？我們在追求痛苦嗎？我找不到答案。不過我知道有機會的話，我們還是會飛，用同樣的方式在心裡劃下傷口，在痛苦的伴隨之下藉機成長。

這些只是旅遊的經歷，與一個人選擇在家鄉以外的地方生活和發展事業是兩回事，但也是生命軌跡不長的我，與書中九位在港異鄉人的經歷最接近的一次了，我只能通過這些遊歷理解他們的故事。當中有瀟脫的土耳其大哥、對家鄉和香港的文化差異成熟對待，文化智商很高的印度女士、性格一點都不像日本人的日本大叔、為了事業在香港發展，而在生命留下重大遺憾的紐約客、還有來自加勒比海，在香港苦中作樂的巴巴多斯[1]男子。他們的故事苦樂參半，聽到辛苦的部份，我不禁心想「獨在異鄉，忍受這樣不是味兒的生活為了什麼？」

[1] 編案：臺譯「巴貝多」，以下全書尊重作者採用香港「巴巴多斯」的譯法。

這問題我卻問不出口，我婉轉地問：「為什麼不回家？為什麼還留在香港？」他們的答案通常是工作需要、喜歡香港的文化、或是香港已經是他們的家了。不管他們的答案是什麼，目的也跟我旅遊時自尋痛苦一樣，選擇了某種生活模式，不論箇中好壞，都必須走下去，讓各種經歷成為成長的養分。那些五味雜陳的故事，便是他們生命的故事，只是剛好他們是個外國人，身處一個本不屬於自己、但慢慢可以管它叫家的地方。

他們的經歷讓人拍案叫絕，個人魅力更是無法擋，要是尋根究底找出是什麼原因，養成每個人致命的魅力和人生態度，這本書可能會變成心理學研究了。所以我只能透過文字把我從他們身上得到的一切，毫不遺留地呈現出來，盼望文字能像攝影機一樣記錄他們的表情動作、說話節奏、情緒起伏。而為他們拍照時總會叫他們把笑容收起來，希望能拍出很酷的照片，不過千挑萬選還是笑著的更適合放在書中，因為這就是他們面向生活的樣子。

書中的照片皆在香港拍攝，把外國人在香港生活的面貌拍下，有小泰國之稱的九龍城、東南亞人和非洲人的商業基地重慶大廈、白人聚居，看似沿海度假勝地的西貢……很多看上去都不像香港，但的確是香港的地方，容納著來自世界各地的人。

Teoman

土耳其

「我可以明天就離開香港，我也可以在這裡再留十年。」

＊＊＊

Teoman出生於德國，在土耳其長大，今年四十四歲，曾學習旅遊業及酒店管理。他曾在土耳其、泰國、杜拜、澳洲和中國的餐廳及酒店工作，他與新加坡籍太太在中國居住九年，夫婦二人現在育有兩名兒子，一家人已搬到香港四年多，香港暫時是他們旅程的最後一站。他的太太為一家意大利服裝品牌工作，他們的旅程地點取決於太太的工作派遣。來到香港後，Teoman無意找工作，而是手頭上已有幾個範疇不一的項目，分別是售賣土耳其產品、在家中開設私房菜，把土耳其風味帶到香港；以及為一間土耳其電子產品公司管理以香港作為轉口港的物流。其後，因為鄰居投訴私房菜計畫帶來很多陌生人，便關掉了私房菜，Teoman也想專注於土耳其產品的生意，現時全情投入其中。

對於經常穿梭於不同地方，Teoman態度灑脫，他說隨時準備好搬到另一個地方。十七年前，一位在曼谷工作的朋友表示他的旅行社需要一位經理，Teoman確定了工作內容和薪金，短短兩個星期後便飛到曼谷開展工作。他在出發去泰國之前，完全沒有查看當地的生活如何，他說：「我會去嘗試，如果不喜歡，便回到我本來的地方。我帶著一件行李來到這裡，也帶著一件行李離開，這並沒有什麼大不了。」

「嘩，口氣這麼大！」當時我心裡想。

而且，對於將要在那個地方生活，他也不會抱有任何期待、遐想或偏見，只要確認薪金足夠過活便可以了。他認為孤身一人的時候，要顧慮的事情不多，隨時搬到另一個地方是件容易的事。我在電影和小說的確看過不少如此灑脫的人，但現實生活中我卻未曾遇過，繼續跟他聊，我慢慢從驚訝轉為理解，卻沒有想到他竟然進一步表示，有伴侶的時候其實更容易到處搬遷。很多時候，我們都會認為身邊有了另一半，要顧慮的事情更多，尤其做一些重大的決定時，搬到新的地方便是其中一個例子。兩個人不僅要顧及工作和金錢的問題，更要注意是否兩人都喜歡當地的生活，要短期搬遷還是將在新的地方扎根等。要是其中一人遇上什麼問題，例如在當地失去工作，兩人是否能一起逆流而上，分擔生活上的種種壓力。Teoman卻說：「當你孤身一人，你便是一。當你們是兩個人的時候，你們是二，是更有力量、更強壯的。」

當下的反應只是驚嘆地「喔！」了一聲，但之後我便漸漸明白了。因為太太需要到不同地方工作，Teoman都是抵達了，再尋找新的工作機會。對於這樣豁然的態度，我感到詫異也萬分敬服，Teoman回應說：「這就是我和我太太的生活模式。」因為兩人的默契和生活經驗的累積，使這段關係成為穩固的基石，讓他們能在此之上建立更好的生活，共同面對任何難題。Teoman和太太在澳洲的期間並不愉快，他們在雪梨感到強烈的種族主義，也不大能融入當地。所以他們便搬離澳洲，去了中國，一住便是九年。他說：「對我們來說，在亞洲地區融入當地生活比較容易，我們也更有歸屬感。因為地方本身很安全，當地的人也很友善。更重要的是，只要入鄉隨俗，跟隨社會一般的規範，尊重當地的人和文化，便不會有突如其來的挑戰。」一個土耳其人在亞洲地區比較有歸屬感聽上去蠻奇怪，但身邊總不乏類似的例子，一個白人因為迷戀中華文化到中國生活，學習中文，學習使用筷子；一個香港女孩喜歡日本動漫，學習日文，更成為日文老師。他們對異國文化的追求可能有特定的原因和推動力，但歸屬感這種東西很難解釋清楚，就像我本人去土耳其的時候感到很強的歸屬感，雖然是第一次踏足這個國土，不懂得土耳其話，也不了解土耳其文化，但總感覺很親近。回到家以後，還想著要再次到訪這個地方，如果可以的話還想在那裡生活，要是真的沒有辦法，就想自己的生命和這個地方有著某一種聯繫，可能是擁有一個當地的朋友、擁有一段回憶，或是擁有一個可能性。

灑脫豁達的Teoman沒有忘記作為一家之主的身分，繼續說道：「有孩子的情況就不一樣啦，我不能冒險，要為孩子考量經濟和教育狀況。」相對其他曾到訪過的地方，留在香港能為孩子創造更好的環境，因為他覺得香港很安全，環境清潔。他重複了這點幾遍，我一開始不以為然，後來才想到住在大城市的我們可能太容易把良好的生活環境當作理所當然；對於遊歷甚多的Teoman來說，要為孩子考慮，理想的環境便是優先考量。「我曾經到訪泰國一些偏遠的地方和村莊，同為亞洲地區，比對之下香港是一個很優秀的城市。」Teoman還提到香港其他的優點：有多元化的美食、完善的交通和社福系統，都是我們在日常生活中有可能忽略的事實。他說：「如果有什麼問題，我打一通電話，警車或救護車便在十分鐘後到達，對於這個城市還要奢求什麼呢？」他也提到香港是一個做生意的好地方，原因是所有規條都有透明度，只要循規蹈矩，一切就很方便。另外，香港的國際物流也很快捷，Teoman第一次從土耳其輸入貨品時，貨品在星期五的晚上離開當地，當他星期一還在家中舒服地看電視時，他便收到貨品已經到港的通知。他十分驚訝地致電給物流中心的代理人確認是否有誤，代理人回應：「沒錯啊，歡迎來到香港。」僅僅三天，貨品便從土耳其送抵香港，仔細想的確是一件很厲害的事，喜歡旅遊的人都應該試過寄失寫給朋友的明信片吧！想像一下居住在當地的人，不能和我們一樣享受同樣的快捷便利，便知道我們生活在此有多幸運了。

透過異地人的口中，久違的察覺自己身處之地的優點，突然覺得自己的城市煥然一新。

但在遠離家鄉的地方生活總不能忽視這裡的缺點，Teoman說，香港公司聘請員工的準則與其他地方不同，所以難以找工作。他認為香港公司過於著重學歷而非一個人的能力和技術，要是學歷不夠高，能力再好也不能往上爬。另一點便是香港出了名的居住空間小、物價高、租金高，更要預先繳付相等於兩個月租金的訂金，對於Teoman的四人家庭來說財政負擔並不輕鬆，還好他們最近搬到了新居所，租金較低，讓他們有更多資源投放於兩個兒子身上。不過有關香港缺點的部份，他說了兩句就轉到其他話題了。我想得到更深入的答案，再追問下去：「在香港生活與工作，有因為文化差異而導致任何問題嗎？例如起居飲食不習慣和歧視等？」他回答：「我們完全沒有文化差異的問題，我可以明天就離開香港，我也可以在這裡再留十年。」

我聽到的當下已經覺得這就是他的金句，最能反映他瀟灑的個性。

「你想過是什麼原因，或是你性格上的什麼特質，讓你能不費吹灰之力融入別的文化嗎？這並不是每個人都能做到的。」我問，他卻回答不知道，可能是因為一直在餐廳和酒店工作遇到很多不同的人，而他一直以來都有很強的社交能力，讓他善於理解和融入新的文化。不過在其後的閑談中，我得到一個「完美的答案」，他之所以有這麼高的文化智商，全因一個理念：「不抱怨。」有關這點，他滔滔不絕的說：「如果你去到一個新的國家生活，而你討厭那個地方，你也不要向別人抱怨，也不要把怨氣展示出來，因為這樣很不公平、也很不誠實。你到了那個國家，佔用了別人的空間，獲得了別人的工作，薪金也拿了，卻整天抱怨這國家這裡不好、那裡不好，你為什麼不離開？」他以過往生活過的地方作例子，接著說：「如果你住在北京的胡同裡，你會看到鄰居在戶外吃東西，這是再正常不過的事，這就是他們的生活，你不能對此作出抱怨，或嘗試改變他們的行為；曼谷某些街頭很臭很髒亂，我知道這就是曼谷，我不會嫌棄。」他也提到有關香港的情況：「香港大部份的計程車司機都很沒禮貌，但我不會抱怨也不會改變他們，我上車便直接告訴他我的目的地，不作更多交流，雖然不能和他們聊天有點遺憾，但抱怨只會令我們不愉快。」

對於抱怨所居異地是不公平的這一點，我花了兩天才消化得了。抱怨是香港人的強項，以往也覺得抱怨是必有的權利，但卻忘了作為幸運兒的我們多半不到完全沒有選擇的地步。若是有所不滿，便專注於解決問題、改變現狀，若狀態真沒有進步的餘地，與其整天碎碎念，加重肩上的石頭，不如選擇轉身離開。覺得自己沒有選擇的時候，問自己一句：「真的沒有嗎？」

Teoman和他的家人在香港生活得很愉快，一來是因為他對香港的教育尤其有信心，認為兩個孩子能在此獲得良好的教育。他們在香港一家相對嚴厲和注重學術發展的國際學校讀書，Teoman不希望兒子們的學習環境過於寬鬆：「他們在家已經很放鬆了，在學校便需要嚴謹地學習。」兩種環境並存再加上孩子們喜愛的課外活動，對他們來是良好的發展機會。二來，在此生活了這麼久，他們也不乏本地的朋友，分別來自工作、學校的家長，和舊居所的鄰居，即使搬離舊居一年，他們依然保持聯繫，常有聚會。「鄰居能當朋友？」我回應，這在香港並不普遍，果然，Teoman在新的居所鄰里關係便沒這麼好，他說：「與香港比起來，土耳其更溫暖也更有人情味，在那裡你必須認識你的鄰居，人們是個大家庭，會在有需要時伸出援手。」「我在土耳其旅行的時候也感受到這樣的人情味。」「對吧，你經過一家店，店主會請你到裡面喝茶或咖啡，你若是需要一杯水，你也可以到任何店裡頭。」而在對話當中，Teoman從沒有像其他在港的外國人士，提到類似「香港是我第二個家」的話，他只重複了幾次：「我們在這裡很快樂，我們是快樂的家庭。」他又表示，雖然在這裡生活需要做很多工作，但明天再來的話，他還是很願意繼續做。當我問到有關土耳其時，他說話的速度突然放慢，語氣也變得柔軟：「啊……」他呼了一口氣，說：「土耳其是我的家鄉，我很想念我的家人和朋友。雖然土耳其是很溫暖的地方，但並不安全，我不會在那裡撫養我的家庭，不過我絕對會回到土耳其過退休生活。」

看來Teoman心水很清，把工作的地方與家鄉分得很清楚。我也有不少在外地工作的朋友，從來不會說他們所在地方是第二個家，也不會說他們要移民了，他們會描述他們正在那個地方工作和生活，可能他們和Teoman一樣希望自己的未來有更多開放性和可能性。而對Teoman來說，各種旅程和異地的生活都沒有改變他，到了最後他還是說出充滿智慧的話：「我從頭到尾都沒有改變，只是年紀長了，但我還是同一個人，因為當你隨時準備好你的內心，不管迎來什麼事情，一切都會變得更簡單。」

Natalia

印度

「作為一名女性，我在香港享受到家鄉從未有過的自由和獨立自主。」

＊＊＊

Natalia來自印度東部城市金奈，從來沒有想過離開印度的她，在香港生活十年的哥哥盛意邀請之下，在香港找了份工作。便捷的交通、快速的網絡、優良的城市基建，都有別於她的家鄉，雖然知道香港的生活物價很高，但她第一次踏足香港便愛上了這個城市，現已在此五年。她在一間保險公司的客戶服務聯絡中心工作，是聯絡中心的主管，職位及工作內容與她在印度的時候差不多，兩地的工作文化卻大有不同。

印度人的工作環境極度高壓，但工作時間固定，員工不會超時工作；香港與之相反，員工於低壓環境下工作，但工時相對較長。

Natalia起初對香港的工作文化感到很陌生和詫異，她花了不少時間理解。Natalia第一天上班，五點多便完成手頭上的工作，準備下班，但卻沒見任何同事離開，她便致電哥哥問道：「為什麼到了下班時間，還沒有人離開辦公室，我已經完成我的工作了，現在該怎麼辦？」他哥哥回答說：「你應該等其他人離開，甚至是你的老闆離開了，你才可以下班。」Natalia激動地對我說：「所以我在辦公室什麼也沒做，在桌子前空坐了整整一個小時才下班！」

把工作拉長、拖慢來做，犧牲珍貴的個人時間，為的是要顧及老闆和同事的面子，要是抽離一點地看待這樣的工作文化，實在荒誕，難怪Natalia起初會覺得奇怪和難以習慣。不過慢慢地，她調整了自己的工作模式，雖然長工時導致工作和生活難以取得平衡，卻也創造了較輕鬆的工作環境，加上Natalia的團隊充滿活力，工作的時間並不難熬。

而初來報到，總會面對文化差異，語言不通是首要問題：「這是意料中事，假若今天有人來到印度，而他不懂得說任何印度方言，他生活便會非常困難。」即使在香港以英語溝通，Natalia的生活始終不容易，小至在雜貨店買東西、坐計程車，大至與同事及上司的交流，都因語言不通而有所掣肘。她與同事溝通的時候以印度語思考，再以英文說出來，同事們接收到英語訊息，再翻譯為中文思考，這個過程很容易造成誤解。除了語言問題，Natalia更認為，因為吃同樣的食物和說同樣的語言，人與人之間會有特別的連結，在傳達訊息的時候很容易便能理解對方，因為文化不一，她和同事溝通時總要花更多時間。

剛來到時，Natalia的上司亦擔心她作為非本地人，帶領整個工作團隊會有困難。的確，Natalia在家鄉工作時，總是帶領團隊做決定和定立方向，下屬都會毫無疑問地跟隨，而在香港，當Natalia有任何想法和計劃之前，都必須跟員工和相關的同事解釋清楚，商議後方可敲定。不過，久而久之，以上說的都不再是大問題，Natalia只要在工作時謹慎說話，確認自己以正確的方式表達想法，不會冒犯任何人，便可以了。更重要的是，儘管有任何文化差異，印度和香港員工的處事態度，以及工作精神都很接近，大家都以正面的能量面對工作，這讓作為主管的Natalia更有力量。

感受過兩地的工作文化，Natalia表示能理解當中的不同之處，因為這些地方各有適合當地的工作方式與態度，她能夠接受和尊重香港的辦公室文化，但也希望把更好的工作環境帶給自己的工作團隊。她認為工作與生活的平衡至為重要，雖然難免有些會議會導致員工加班，但她仍盡量避免，幫助員工在有限時間內完成所有工作，減少加班。她說：「雖然這些改變不是一朝一夕就能達到，但這些都是工作的根本，要讓員工在工作後能夠回到自己的生活。」

這樣的老闆真好。

Natalia融合了印度和香港不同的工作文化，為香港員工的工作環境帶來微妙且有益的變化。除了工作上的轉變，Natalia自身亦做出了改變。「過去在印度，我的衣櫃裡充滿色彩，紅色、黃色、綠色，什麼顏色都有，我可以穿任何我喜歡的衣服上班，但我現在只穿黑白灰。」這聽上去是無關緊要的事，但Natalia確實花了不少時間去習慣，畢竟服飾少了的顏色，便是在她身上慢慢褪色的印度文化。即使如此，她認為在香港生活，為她帶來的好處遠比壞處多。

在印度，人們的思考皆由文化推動，文化因素在人們心中根深蒂固，他們受到很多「規則」的限制，很多事情可以做，很多事情不可以做。尤其作為單身女性，印度社會對妳有某種特定的期望，例如妳的穿著和行為舉止該是如何；而在香港，這些限制都消失了。Natalia直指，香港為她帶來了安全、自由和獨立自主，這些在家鄉從未享有的權利，令她有機會成為對自己負責任的人。Natalia熱愛香港，而這個城市更進一步以她意想不到的方式，讓她成為更好的人。過去，她從不關注自己的身形和健康，因為每個人看起來都差不多，也吃同樣的食物。但在這裡，社會氛圍對健康的關注度很高，每個人都在吃沙拉和做運動，漸漸她變得對健康更有意識，養成均衡飲食和運動的習慣。以上所有的事情，都超乎了Natalia一開始的期望和預想。

「來到香港對我來說是很大的改變。」

Natalia指出，香港是一個充滿機會的地方，服務業和科技的發展比起其他亞洲地區更完善，在這個城市內移動非常容易，徒步走十分鐘就是地鐵站。相較之下，她有一位在美國生活的朋友，每天要走四十分鐘才到最近的巴士站。的確，香港是一個方便快捷、高效率的地方，但也須「特定條件」才能在此生存。Natalia作為經驗之人，很清楚遊戲規則，租金和物價高昂，不管是來自本地還是外國，社會新鮮人若是沒有豐厚的家庭背景，都難以在這生存，如若一個人有足夠的資源和支持，或事業已經取得成績，香港便是適合發展的好地方。

「除了工作，你在這裡的生活如何？」

「工作的時間佔了我生活最大的部分，所以我大多數香港朋友都來自辦公室，我週末會去教會，有時會探訪我的哥哥，一週去三次健身室。這樣的生活結合了工作和休閒，我非常滿意。」Natalia回答道。她亦提到本地朋友的重要性，去登山、吃香港風味的食物，都是本地朋友帶她去，有些事情，甚至連她在香港居住了十年的哥哥也未曾做過。Natalia認為，必定要通過當地人，才能真正了解當地的一切，與那個地方作出聯繫。而認識異國朋友時，語言或文化差異都不會是問題，雙方將因彼此敞開胸懷、願意尋找共同話題和興趣而變得親近。

「那麼你會想家嗎？」

「香港和印度的距離只是五小時的飛行時間，我一年會回去三次，想家的時候回去很容易。」Natalia回答。但她接下來的話更令我感到震驚：「我每一次回到香港，也感覺像家。我與印度的聯繫是家人和朋友，而我和香港的聯繫來自於我對這個城市的愛，愛它所為我帶來的一切，包括自由和獨立。我視香港為第二個家。」

我自己有幸在大學時期有各種本錢（年輕）和資源（獎學金）去世界各地遊歷，試過在內亂不斷、政局不穩和經濟危機日益嚴重的南美洲國家委內瑞拉居住六個星期，興高采烈地出發，焦頭爛額地回來；又曾於人類發展指數排名第一的挪威生活一個月，有美景和朋友相伴，卻在一片平和之中感到荒涼。那時候年輕，和當時的寄宿家庭說那裡就是我第二個家。短短生活一兩個月就稱之為「家」，這個念頭不知從何蹦出來，可能是一串串回憶魂牽夢縈，或是與來自異地的朋友情誼深厚，總盼望自己和這個地方有所聯繫，隨隨便便說出第二個家來，活像一個男人要給小三名分一樣。現在回想起來，確實幼稚。回憶的確有如鄧不利多的儲思盆，能一絲絲拉進腦中放映，即便如此，無論這些地方累積了多少回憶，也不夠讓我們稱之為家。尤其是人長大了，對家的定義便更嚴格。而當一位異鄉人與身處之地的情意結是和工作綁在一起時，要說出該地是自己的第二個家，需要的是對情感深刻的思考和對文化清晰的認知。

我向Natalia提到我有位印度朋友從小在印度長大，直到碩士畢業後到瑞典修讀博士課程，在這個北方國家生活兩年後回到家鄉反而產生文化衝擊，他剛下飛機的第一個反應是：「這裡為什麼這麼熱？」他一到市中心便相當疑惑：「這裡為什麼這麼多人？」我問Natalia會不會有類似的「反向文化衝擊」，她肯定地回答不會，因為由出生到現在三十出頭，人生大部分時間都生活在印度，她很清楚意識到自己的家鄉是一個怎樣的地方，加上現時生活穩定，思想亦成熟，所以不會有這類型的「反向文化衝擊」。而她也認為年輕人會較容易在異地受到文化衝擊，因為他們會嘗試各種瘋狂的事，Natalia很慶幸自己在較成熟的階段來到香港，當日子有了特定的模式，就是平衡工作、運動和娛樂，在異地生活對她來說才會比較容易。

我面前這位女士，毋庸置疑非常的成熟、擁有清晰的思維和對身處香港這段經歷有深刻的反思，要不然香港成不了她第二個家，這有別於我年少輕狂時所認知的「第二個家」。香港給予她的機遇和包容成就了她的第二個家，而她也以開放的心態接受了這個城市，這尤其重要。的確，年輕人因所見所聞較少，所以遊歷之時更容易有文化衝擊，這很合理。但較年長的人是否真的較少受到文化衝擊？這可不一定。我們總有帶親戚父母去旅遊的經驗，他們很容易這裡嚇一跳、那邊嚇一跳，感受到這個地方和人民的習慣竟與家裡大相逕庭。這通常是因為人們的認知和行為長時間被同一個文化塑造成特定的樣子，所以年長的人亦有可能很容易受到文化衝擊。要想和Natalia一般沉著面對身邊環境和文化的轉變，就必須擁有開放包容的心態。

Noel

巴巴多斯

「最後我還是回來了，我在這享受的，遠超於它帶來的苦澀。」

＊＊＊

我和出生於巴巴多斯的Noel相約在他工作的酒吧，那裡空間不大，只有半個高中教室的面積，瀰漫著我非常不熟悉的氣氛，有別於其他昏昏暗暗、二手煙味道從冷氣出風口和皮革沙發滲透出來的酒吧。沒有刺鼻的氣味，紅黃綠的顏色令空間格外明亮，從裝潢設計到音樂都貫徹雷鬼風格，他請我喝了一杯virgin mojito，我們的訪談在音浪高漲的背景音樂下進行，我豎起耳朵聽他的一字一句。

「別人聽到我在巴巴多斯出生總會問：『它在非洲的哪個位置？』我回答巴巴多斯是在加勒比海，他們還是一臉疑惑，我就說它跟牙買加很近，他們就會反應：『喔！原來是牙買加！歡迎你從牙買加到來！』但實際他們連牙買加在哪裡都不知道。」他十七歲搬到美國居住，在那度過了人生很長時間，認識了他的妻子並成家立室，他曾到過很多國家旅遊，摩洛哥、黎巴嫩、突尼西亞等，亦曾在尼泊爾居住兩年，輾輾轉轉來到香港，現已在這居住七年。他在紐約時從事藝術品買賣，專門發掘有潛質的畫家和售賣他們的畫作。除此之外，他亦和珠寶設計師合作，在展覽出售他們的作品。

Noel原本希望在香港可以做同樣的工作，他認為香港是全球最富有的地方之一，有大量現金流，在亞洲的地位就有如紐約在西方國家的地位一樣。他期望香港會是藝術品和珠寶交易的理想之處，可惜這裡的需求傾向大品牌的珠寶，以及藝術品的二手市場交易，大部分是一些已有很大名氣，或是已過世的藝術家，例如梵谷和畢卡索。而Noel的老本行在香港無用武之地，他剛來到香港時，身邊帶著五十幅來自美國、泰國、緬甸新生藝術家的畫作，用了半年走訪許多畫廊，尋求合作機會，但他們要不是沒有興趣，就是想打畫作的主意，想踢走他這個中間人。Noel最後把畫作全數退還給藝術家。他對於這個現象大感失望，有次他在巴士上，看到曾在紐約一起合作的珠寶設計師的廣告，極為感嘆。「在香港，人們並不是因為很喜歡這個藝術品而想要把它買回家掛在牆上的。」

他指的可能是人們對藝術品的追求不純粹，但也有可能是氣話，依我曾在畫廊實習的理解，還是會有人純粹因為喜歡，而買一些現代藝術品回家欣賞，只不過受眾少，在一家畫廊裡會買東西的也就兩三個人；加上一家畫廊單靠一手市場的交易根本賺不了錢，大部份情況是靠買賣經典作品營運。所以即使有人向他提議自己開一家畫廊，現階段的他也做不到，除非他手上有幾幅天價的作品當本金，要不然單靠新興藝術家的作品，連租金都抵不上。

「我無可奈何只好放棄藝術這條路，但它仍然在我的身體裡，它就像我的情人一樣，隔一陣子就會見到它。我的生命裡有三件事，珠寶、音樂和藝術，它們和我一起遊歷世界，我帶著它們到尼泊爾，它們亦跟著我來到香港。」Noel形容自己的人生，是這三件事不停的循環。他現時還在經營自己的珠寶網站，與藝術家保持聯絡，而身在香港，他的人生就專注在音樂之上。

他在我們身處的酒吧當DJ，是香港少見以加勒比為主題的酒吧。對DJ的工作內容缺乏認識的我，膚淺地以為DJ只是播播音樂，稍微帶動氣氛，並不知道箇中難度和文化深度。比起其他坐在辦公室裡經歷文化差異的異鄉人，Noel在這家位於香港鬧市中心的加勒比主題酒吧，所面對的文化差異更加赤裸。

Noel形容自己的工作是要創造一種氣氛，把客人留在酒吧裡。「因為這間酒吧以加勒比為主題，剛開業時，他們徵求了解雷鬼音樂和卡力騷音樂（calypso music）的人，當時有人把我介紹給他們，我發了一些歌曲過去，他們很喜歡，我便在酒吧當開幕夜DJ。」

聽到這裡，我還是以為DJ只是播播音樂。

「當晚我在酒吧裡看到印度人，所以我將寶萊塢音樂混合雷鬼音樂，兩者擁有同樣的節奏。」他邊說邊哼著輕快的節奏。當時，在場的所有人都對這個音樂組合很驚訝，Noel把自己對寶萊塢音樂的認識，歸功於居住在尼泊爾的那兩年時光。「我在尼泊爾的時候聽到寶萊塢音樂，很吸引我，所以我收藏了一些歌單；我在摩洛哥和土耳其旅遊時，亦收藏了一些中東音樂，所以我能混合各式各樣種類不同的音樂。」

看到不同的顧客，播放不同的音樂，同時兼顧加勒比主題，對症下藥看似簡單，不過，這就像英語拼字比賽一樣，考驗你海馬體中的硬知識，比拼歌曲存量。要是有一天，一個被劈腿的女生在酒吧開失戀派對，DJ便要在腦海中，像Google一樣搜尋歌曲，怎樣的曲風才適合現在和朋友狂歡的她；什麼歌詞才能安撫她皮開肉綻的傷口？

能將「對的音樂」透過喇叭發送在大氣之中，讓聲波的震動像黏合劑一樣，把以酒相對的人聯繫起來，需要得天獨厚的天分和才華。

Noel工作的另一個難處，在於香港並沒有很多來自加勒比地區的人，「我在這裡六年，只認識兩個同樣來自巴巴多斯的人，至於來自其他加勒比地區國家的人，我在香港認識最多二十個。」香港人普遍對雷鬼音樂的認識不多，如我一般，頂多知道Bob Marley，卻也說不出幾首歌名。而卡力騷音樂的節奏比雷鬼更快，香港人難有共鳴，在播放和混合音樂歌曲時，Noel需要運用更多技巧和不斷注入新意，否則酒客便很容易被同樣的音樂疲勞轟炸離場。Noel說：「如果同一家酒吧的顧客全是加勒比人，我可以放一整天雷鬼音樂，而仍然會有源源不絕的人潮。」

這樣的文化碰撞和融合相當有趣，在我和Noel對話前，難以想像DJ的工作竟是如此。在工作以外，Noel的黑人身分讓文化衝突更加赤裸，不管是身在紐約還是香港，他都遭受歧視。

「作為一個黑人，我能看到白人、黑人、東南亞裔人士的差別待遇。在香港，本地人對待白人比較好，就像白人的階級更高，其次是黃種人，而黑人和東南亞人就有如二等公民。」

一個實實在在的人就在我面前，什麼香港中西文化共冶一爐、國際性、多元化都是紙上談兵。

Noel說，走在街上常被投以各種目光，有一晚他下班回家路上，一個白人走在他前面，巡邏的警察迎面走來，直接經過那個白人，朝著他去，要查他的身分證。類似的事情不少，有一次他坐著計程車，車子被路障攔下，他當時以為警察只會查司機的行車執照所以不以為意，只是低頭使用電話，警員卻用手電筒照他的臉，要求他出示身分證。他感到疑惑並生氣說道：「又不是我開車，為什麼要查看我的身分證？」警員再次要求他拿出身分證，又問他住在哪裡。他便答：「跑馬地。」那位警員毫無因由地大發雷霆，說：「我在問你的地址！你別耍花樣，你要知道我有辦法讓你不能這麼輕易離開！」Noel不明白警察要他地址的原因，他憤怒地對我說：「他們要上來找我麻煩嗎？還是要送東西給我？」不只是他，他的兒子也會因一頭捲髮而經常被人偷拍、莫名被摸頭髮，甚至被人拿著相機追著跑，幾乎被嚇哭。

還有一事無稽到我不得不分享，Noel的妻子是個白人，所以他們的孩子是混血兒，膚色沒有他這麼深。有次他一手抱著他五歲的小兒子，一手拖著八歲的大兒子經過公園，一位坐在長椅上的本地女士用淺顯的英語對他大聲喊說：「You not baby father!」指他不是孩子的父親。Noel冷笑一聲，看著她回應道：「對，我是他們的傭人。」他說在這裡面對多不勝數的歧視，只好當笑話，苦中作樂。

「如果是這樣，為什麼不回美國去？」我問。原來即使在香港被歧視，情況也比在美國好，那裡不乏歧視和文化衝突，加上美國現時收緊移民政策，Noel覺得他們很容易被當作「攻擊目標」，人們會直接走到他面前說難聽又令人不解的話。久而久之，他的心燃燒殆盡，在美國待不下去。而Noel也更喜歡「亞洲的氛圍」：「就算我不在香港，我也會居住在另一個亞洲城市。」我不明白「亞洲的氛圍」指的是什麼，Noel的答案讓我出乎意料。「在香港，如果他們歧視我，甚至在我面前談論我，如果他們說的是我聽不懂的語言，我毫不在乎。而不懂得說這裡的語言（廣東話）對我來說是個祝福。」他這樣的態度讓我感到驚訝，覺得他也太看得開了。他接著說：「你知道嗎，當你不斷面對同樣的鳥事，慢慢你就會變得厚臉皮。」

我百感交集，這片彈丸之地容得下七百多萬人，容得下我們臭皮囊上的各種顏色。而容不下這一切膚淺、表面區別的竟是人心，應該改變的並不是受害者面對不義的態度，而是人們歧視的眼光。

Noel還是用自己的方法消化了這些壞事，他繼續留在這裡，因為他始終很喜歡香港的便利和安全，在他未曾抵達前，香港已經在他的願望清單中：「如果可以撇除金錢的考量，香港會是其中一個我們想居住的地方，我們在尼泊爾時終於有個機會來訪香港，當時一家航空公司開通了直飛香港的航線，我們便啟程旅遊。第一次到訪，我和妻子都非常喜歡這裡，直至她獲得在香港工作的機會，我們二話不說便接受了。」

現在他可謂是夢想成真，做著自己享受的工作，在這裡扎了根。不過自古世事難兩全，在香港的這段時間，最心愛的人從妻子變成了前妻，兩個兒子也跟她回美國了。Noel把這段經歷形容的很真切：「上一分鐘我擁有全世界，下一分鐘他們都不在了。」

他說這句話時彷彿將我面前的空氣抽真空了，感覺像是他的心迫切地想向我分享這感受。

「從已婚男變回單身是一件很殘酷的事，雖然有人說單身也可以很快樂，但一路走來，我發現自己喜歡身邊有重要的人陪伴，一個可以無所不談，分享人生的人。而要在香港找伴侶令一切難上加難。」

Noel表示，他很難結識亞洲的女性，她們經常把注意力放在文化差異之上，導致雙方無法作出更深入的了解，溝通容易出現誤會。他詳細解釋：「要開展一段對話很困難，並不是因為我害怕與人對話，我有能力和任何人談論任何事情。而是我們內心的恐懼有所不同，當對方只專注在文化的差異、兩人的不同；我的心中就只有一個疑問：『一定要把事情弄得這麼複雜和困難嗎？』為什麼我們不能拋開所謂的文化差異，然後尋找相同之處，再以此為根基建立一段關係呢？我不在乎你喜不喜歡吃中式餃子，我不喜歡吃，那我就全給你吃；如果你不喜歡藍色，那我們便把顏色混合起來，調成粉紅色。」

「我什麼都沒有，只有好的本意。」

以上一番話，是Noel針對建立情侶關係，希望能和而不同的心聲。但這一席有點迫切又無奈的話，也能成為任何人際關係的忠告。不只是浪漫的戀情難尋，Noel在這更因為缺少深刻的友誼而經常形單影隻。

他在香港沒有什麼朋友，他曾主動嘗試，但結果和尋找伴侶的過程一樣。人們看見他，可能會認得說：「喔！他是那個酒吧裡的DJ。」稱得上朋友的也只是點頭之交。而酒吧的同事下班後也不會自行聚會，有別於在紐約時，同事之間會相約飯局、看電影、甚至互相拜訪彼此的家。現在他的生活比較孤單，沒有什麼人陪伴，只有工作，自己在家看看電影，有時和在美國的兒子聊聊天。因為這樣的生活Noel必須更自覺方能照顧自己：「要是我生病了，我只有自己一個人，身邊沒有親人或朋友照顧我。雖然我渴望穩定的家庭生活，獨自生活我還是可以的，我是為了自己做這一切，每天早上我可以睡晚一點，不用顧慮起來看孩子。」

我問他沒有什麼親密朋友的感受，他稱根本沒有想過這個問題，他只是一直在生存模式，他會嘗試融入，嘗試把一切做到最好，降低對事情的期望，以免感到失望和受傷害，當事情進展比想像中好一丁點，他便心滿意足。Noel做出了很多改變：職業轉變、對別人奇異目光的寬容、生活模式一百八十度顛倒、親情由觸手可及，變成只剩下兒子在視訊螢幕上沒有溫度的畫面……他都一一接受，一一走過。

Noel的遭遇乍聽像個悲慘故事，他看似被生活壓迫得無可奈何才成為今天的樣子，但這是他的選擇。我們目標要是當奧運第一跑手，就必須每天練習、跌倒，酸辛自知；要是想在雪梨歌劇院和世界第一的芭蕾舞團跳〈黑天鵝〉就會練到腳趾頭流血，觀眾看不到的。Noel的故事現在活生生地走入你的眼簾，這是他選擇的現實生活，有別與社交平台上，那些網紅假惺惺的笑容。他身邊有一盤孤單寂寞養成的水，他可以隨時澆熄對生活的熱情，但他從來沒有這樣做，而是選擇把手放在DJ盤上，把他到過之處的碎片拼成音樂，拼成他在這生活的基石。

「我在香港經歷了起起落落，快樂的、痛心的，都是難忘的記憶，我覺得香港這座城市還是待我不薄。我真的很喜愛這個城市，即使有時身在美國，我還是想回來；到了別的地方，也很容易拿香港來比較。最後我還是回來了，我在這享受的遠超過它帶來的苦澀。」

Alex

美國

「對我來說，在香港生活是一個獨特的學習經驗，不同文化對同樣的事會有不一樣的回應。」

* * *

Alex是美國人，小時候曾經在不同州份居住，在美國完成學業後便在當地工作，直到兩年前獲得在亞洲工作的機會，他一半時間留在香港，剩餘的時間常穿梭於新加坡和世界各地。他的工作是投資顧問，主要為保險公司提供更好的投資計算，以及幫助他們使用更優異的方法向顧客展現投資收益。

在我們碰面之前，Alex特意請求我先提供訪問問題，好讓他有所準備，我一如請求地把問題發了過去，在訪問當天就看到他把答案滿滿的打印在幾張A4紙上，這個舉動讓我驚喜萬分。他留意到我的表情，便微笑著說：「我不太擅長在思考的同時回答問題，所以就先把答案通通想好。」真是謙虛，即使我問了即興的問題，他還是流暢地回答了。他說話很快速，卻不失條理，加上他細心的準備功夫，讓這一次訪問成了最有效率的一次，無疑是最受歡迎受訪者候選人。

在美國長大的Alex不會說廣東話，也不能讀寫中文，這是他在亞洲工作最大的挑戰。他表示，不管在中國、日本、南韓等亞洲國家工作，都要求僱員懂得當地語言，如果沒有這個優勢，便難以找到願意把他由美國帶到亞洲工作的僱主，尤其是他只懂得英語，不懂其他歐洲語言。幸好他先踏足新加坡，再轉來香港，新加坡的日子成為良好的緩衝期，讓他在工作中更容易適應。他說：「由於新加坡多種文化共冶一爐的特點，工作夥伴和客戶皆不注重我懂不懂得中文，而是在工作過程中習慣直接用英語溝通，他們便有機會了解我，與我共事，而非一開頭便質疑我不會中文，繼而忽視我的工作能力。」除了語言的考慮，Alex在出發前也詢問過曾在香港工作的美國同事，有關香港的工作情況。他們普遍指出三點，第一是在香港的工作時間比其他地方相對長；第二是管理層對僱員的權威性關係；第三是工作和生活的二元性，香港人的心態是「work hard party hard」。

就這幾點從同事得來的資訊，Alex一一對比了他在香港看到的現實和在美國的情況，他認為工作時間較長這一點毋庸置疑，香港人在辦公室由上午九點工作到晚上七點；然而，工作效率並不是百分百，人們喜歡把職業生活和社交生活混合，在工作時間使用通訊軟件、看影片，拉長午飯時間，甚至在午飯後小睡片刻，這些舉動起初讓Alex感到文化衝擊，因為在美國的辦公室裡睡覺是禁忌，而美國人普遍不會在工作時間進行與工作無關的事情，而是用最高的效率把工作在短時間內完成，早上九點上班，下午五點就能準時下班。另外，因為Alex較常接觸多為歐洲人和澳洲人的管理層級，所以不太會看到香港僱主與僱員的權威性關係。再加上顧問工作的本質，Alex更不會面對權威性的問題，他說：「一個團隊不會聘請顧問，讓他給意見，然後又無視他，團隊會期望他能挑戰他們現有的計劃，提供新的思維和意見。」最後，可能是跟Alex同事們的年齡層有關，Alex並沒有看見「work hard party hard」的景象，而是大家工作後都趕緊回家與孩子共聚天倫。

我反倒是希望大家能多「work hard party hard」，有家庭的人當然不好說，但身邊年輕的朋友都被工作折磨得生活了無生氣。過去在各式娛樂場所之間活躍的朋友們，工作後都被迫「修身養性」。甚至是我那個長不大的哥哥，在剛開始工作的前幾年，一直放不下自己最大的興趣，每天下班後和朋友彈吉他，玩音樂到凌晨兩、三點才回家，睡幾個小時便出門上班了。近幾個月，他連樂團的工作室都退租了，現在有著與我朋友們相同的說詞：「工作都這麼累了，哪有力氣再去玩？再說，放工迫地鐵回到家都八、九點了，吃過晚飯，躺在床上滑滑手機然後便睡了。」

記得小時候和媽媽坐地鐵，下車的時候都會看到有人快步，甚至跑著出站，那時候我問媽媽：「他們為什麼這麼趕？」媽媽回答說：「他們趕著回家。」即使是失去了「work hard party hard」的心態也好、能量也好，希望我的哥哥，甚至是急著回家共聚天倫的人，在工作的現實之下，並沒有埋葬一堆要用死亡才能迫著他們面對的遺憾。

剛才提及的幾點是Alex對於香港的期望和現實的對比，在工作上的影響也較次要，而Alex在顧問工作面對的最大問題，是香港員工的優柔寡斷，這是因美國和香港的文化差異所引起的。Alex在會議中看到的現象是，當有人作出任何提議，從來不會有人提出反對意見，或是表達個人建議，即便是提出問題的情況也很少，他認為這源於香港職場的文化面向傾向於從眾心理，不論個人內心的想法是什麼，人們都只想跟隨大眾的想法；與之不同的是，在美國文化裡，人們勇於發表自己的意見，高層人士也樂於聆聽，對初級職員的意見亦持開放態度。Alex表示，香港職場上優柔寡斷的現象，並不一定是因為大家缺少面對挑戰的開放態度，而是大家都習慣了順從群體的意思。Alex開玩笑的說：「有這些情況對顧問來說可能更好！」因為這時顧問的角色便發揮作用，管理層需要他找出團隊的意見分歧，再作出整合以提高項目質素。

對於香港人這個特點我非常清楚，我不會忘記大學課堂討論裡，講師被寂靜的氣氛迫得尷尬地不停說話。我問他：「當所有人都不願意表達自己的時候，你如何讓他們開口？」Alex回答：「這其實不難，只要和團隊人員一對一溝通，避免他們受群組影響，以及先跟團隊中較有影響力的人對話，便能一步步劈開冰塊。」我不善交際，聽到Alex這樣平靜地把他工作上的溝通技巧一一道出，不禁佩服，我想他必定在所屬專業範疇中表現卓越。繼續聊下去，Alex便講到，作為一個身在華語圈卻不會中文的白人，絕大部份人都會假設他的職位很高、能力很好，才能遠道而來工作。

現在我知道這個假設蠻準確的。

不過作為一個外國人，獨處異鄉總會有壞處。Alex提到：「即使辦公室的環境有很多外國人，我還是感到自己很引人注目，其他人總會更注意我，把我放在顯微鏡下密切關注我的一舉一動。」而他有兩個來自加州的黑人朋友，高大且肌肉發達，曾在香港有這樣的經驗：「他們像物品一樣被人盯著看、被拍照、被觸摸，甚至被戳肌肉。」我藏不住驚訝的表情問他們會否感到不快，Alex卻說因為他們明白自己的外表顯眼，尤其當他們身處外地之時，所以只是覺得很好笑，並無不滿。對於這一點我能夠理解，我在南美和中東旅遊的時候，都曾有人禮貌地問能否跟我合照，他們出於好意，我都答應了。物以罕為貴嘛！

但戳別人的肌肉……香港人，我們加油，好嗎？

雖然特別引人注目，但Alex在香港其實會感到孤單，並自覺是外人，融入香港始終有難度。有時在工作會議中，當大家一直都以英語對話，會有同事突然以廣東話交流，這很明顯的是他們想把Alex從討論中排除。這些突如其來的時刻總會讓他感到突兀。即使Alex結交不少本地朋友，他仍得不到歸屬感，他說：「本地的朋友會因為我是外國人，所以不敢帶我到本地色彩較濃的地方，例如嘗試香港食物和香港的生活模式。對於他們來說，要邀請我成為香港生活的一部份，是件難以啟齒的事。有時候更感覺我是一些本地朋友的籌碼，他們覺得自己擁有外籍朋友是個優勢。」他笑著繼續說道：「有時我會去本地的菜市場，裡面的人只會說廣東話，我知道他們對我的出現感到錯愕，認為我可能是迷路了，但我只是到這裡買菜。一些同在香港生活的外國朋友們知道我會到本地菜市場，都表示驚訝，他們喜歡生活在自己的舒適圈裡，找到類似的人並創造一個圈子，而他們大部份都只是短暫停留香港，身邊的人來來去去，所以才得不到歸屬感。」

對於大部分時間都在香港的Alex來說，若長期有這樣的情緒，不是很讓人擔憂嗎？「那你如何調劑這樣的工作和生活？」我問道。

Alex說他對於這一點思索了很多，到底他的孤獨和寂寞感是源於香港這個城市還是個人因素，他也說不上來。但他也有方法應對這些情緒，他在香港的時候，會專注於工作和學習，然後把社交生活的重心放在新加坡。他說：「我完成當天工作後，仍要像囚犯一般被困在辦公室，我便會利用下午五點到七點的時間，修讀我在倫敦大學的碩士課程。」而他在新加坡便不會被辦公室文化困住，下班後便可以和朋友聚會。說了這麼多，不管Alex在香港工作的感受如何，他從來沒有強烈表明他喜歡或是討厭香港，只是一直以中立的態度談及這個城市。他認為作為外國人，只要不時刻想著自己固有的文化定位，抱有開放的態度面對香港帶給他們的刺激，這座城市也會對他們有更高的包容度。

雖然文章的篇幅很大部分是討論Alex獨處異鄉所面對的難處和孤獨，但我覺得他是一個堅強且樂觀的人。不好的情緒難以避免，重要的是我們如何面對，Alex平淡地敘述自己的難題、相應的解決方法和在香港生活的點滴，就正似他面對現實生活時的態度一樣，沉著冷靜，卻不失笑容。

Oskar

西班牙

「膚色是唯一的不同之處，我相信我們應公平對待每一個人。」

＊　＊　＊

Oskar是土生土長的西班牙人，為一個國際時尚品牌工作八年，期間離任一年半環遊亞洲，重返公司之際來到香港，雖然當時可稱身在香港，但實際上大部份時間都因工作到訪世界各地。三年前正式辭去工作，在香港重新展開第二人生。過去因工作耗掉時間和精力，擱置了很多想法和計劃，現在一一重拾。Oskar存了點錢，在廚藝學校學習，開展旅遊事業，把西班牙遊客帶到亞洲，他亦鑽研心理學及神經科學，更成為人生導師，經常開辦與靈性相關的工作坊，Oskar在兩年內實踐這些計劃後，現在專注於完成一本有關居港外國人的書。

和你正在讀的這本書非常相似，我和Oskar都十分意外。

他第一次踏足香港，是在環遊亞洲時剛好經過，在這裡逗留了十天，他起初並不喜歡這座城市，他說：「我從來沒想過我最後會在這裡生活，但幾年過後，我愛上了香港，因為這是我到過最有創意和能量的城市，充滿著未知的可能性。」在這活力都市之中，Oskar觀察到香港人最主要的心態是努力工作，認為職場上的成就是人生唯一的成功之處，極度容易忽略家庭和個人生活，不懂得享受休閒。反之，西班牙人會花很多時間發掘一生中的熱情所在，在努力工作的同時享受人生，並且認為成功便是做自己喜愛的事。Oskar小心翼翼地說：「這只是我的觀察，我發現了兩種對生命不同的態度，我不認為任何一方是對或錯，這些態度都是衍生於各自的文化，由時間累積而成，人們只要選擇適合自己的方法便行。」除此之外，Oskar認為環境因素亦會影響心態，在西班牙，天空經常放晴，人們有更多機會選擇戶外活動；而在潮濕炎熱的香港，留在室內似乎是更好的選擇。儘管我們都知道有照顧自己身心靈的需要，但久而久之，我們被困於狹小的室內空間，生活只剩下工作，以為自己沒有空餘時間，漸漸忘記為自己留下時間。

這個情況不知不覺由個人擴張到社會層面，即使身處在百花齊放的城市，人們卻只著眼於眼前的事，毫不察覺世界的多樣性，於是Oskar想以照片和文字，記錄來自一百五十個不同國家的人在香港的模樣，以書本或展覽的方式呈現，藉此提高香港社會對文化多樣性的整體意識。這本書的性質雖然和他的書類似，但比起Oskar遠大的目標，我只希望細膩地描述每個異鄉人的故事，在你們心中泛起漣漪。雖然目的有所不同，我和Oskar依然投契，繼續聊下去，我們都躲不過「歧視」這個話題。

Oskar認為香港社會充斥著歧視，負面的有，正面的也有。而身為白人，他面對較多「正面的」歧視。他不明白為何人們對白人的觀感總是過分優越，經常認為他很富有、權力地位很高。我問他：「有什麼實質的例子嗎？」他回應：「在香港我要進入任何場所都沒有困難，例如我今天可以隨便走進酒店的大堂坐下，即使我不是酒店的住客，也沒有人會找我麻煩。想像一下，今天有一個家庭傭工走進酒店大堂，想必她會被趕出去。僅僅因為我的膚色，而可以享受比其他人種甚至是本地人更好的待遇，這點讓我感到很不舒服。」雖然Oskar有所不滿，他的語氣依然平和，在咖啡室吵雜的環境下，他緩慢及輕聲地說：「膚色是唯一的不同之處，我相信我們應公平對待每一個人。」他並不是嘴上說說而已，而是抱著這樣的信念，並以此為目標付諸行動。他在香港參加了一個支持女權的全球街頭攝影活動，在二十四小時內以相機記錄香港的街頭。Oskar拍下了數張家庭傭工的照片，相片中的她們戴著頭巾，坐在街市附近的隧道裡休息，也有些人在廣場跳舞拍照。

在香港工作的家庭傭工，大部分是東南亞籍，於週日這個休息日，他們會聚集在天橋、隧道和廣場等地方，進行各式各樣的娛樂活動，唱歌、跳舞、吃東西，對於地方被「佔領」，普遍港人不大喜歡，Oskar希望藉著這個全球性活動，引起社會關注這族群的權益。

他也邀請我參與，但考慮到需要於二十四小時內不停在街頭拍照，確實需要很大毅力，嚇得我不敢赴約。

Oskar以往經常穿梭世界各地，他現在也時常在香港東奔西走，他曾居住在外國人聚居的香港島、本土特色濃厚的九龍、將軍澳、馬灣。Oskar現居於長洲，屬於香港的離島，生活較純樸和富人情味，也擁有更多自然環境的風貌。他搬來搬去，是希望感受香港不同的面貌以及生活，在港島區這個金融中心，只能感受到消費主義，每個人努力工作賺錢，然後花費大筆金錢來修飾自己的外表。Oskar說：「在大自然裡，你根本不會在乎這些東西。」對他來說，把專注力放在外在環境和自身當中，一個人便能透過自己身處的環境，觀看自己的內心，從而更了解自己。不管是香港人只顧工作、不會放鬆的心態，還是消費主義的文化，Oskar都表示，這些只是他個人旅程中的一些觀察，他並不希望，也不會對各種觀念作出批評。他認為察覺了不同的存在，就應該理解和包容。

我在大學修讀宗教研究，在課堂環境不乏包容、大愛的討論，也有這麼一個講師是和而不同的佼佼者。自我離開大學，踏足社會之後，我就沒有遇到過如此大愛的人。我問他：「你有想過自己為什麼有這麼高的文化智商嗎？」

「一個經常旅遊的人不能接受別的文化，那將會是一場災難。」他自認在西班牙生活的日子，自己的行為和思想都被塑造成某個模式，但在他的旅程之中，他會發現大相逕庭的文化、宗教、待人接物的態度，他對這些差異有很高的接受度，他認為雖然沒有一個文化是百分百完美，但可以保持開放的心態，尊重並接受別的文化。而作為外國人，便可以將其化成過人之處，吸收這些文化知識，學習透過不同的途徑達到目標。譬如他觀察到外國人普遍在做任何事情之前，會先計劃和分析；而香港人會花較少時間分析和了解現實情況，衝動行事，繼而花更多時間作出修正。得知有不同做事方法後，Oskar可以因應需要，在不同時候選取合適的方法。

懂得觀察不同文化裡的工作方式，並靈活運用，實屬明智。就像一個西餐廚師參考不同國家的食譜，然後加入中菜以薑去魚腥味的方法，在西式餐盤上創作出薑味和魚融合的料理一樣。

期盼深入認識香港文化的Oskar，有意避開外國人的圈子，他說：「進入這個圈子太容易了，他們亦會自以為了解我的需要和習慣，就是白天努力工作，下班後到蘇豪區喝酒狂歡。」在工作上，Oskar有很多機會與亞洲人相處，不過他能感到他們的害羞和「正面歧視」。在工作以外，絕大部份當地人會刻意避免與Oskar有眼神接觸和交流，有的是害怕語言不通；有的純粹不喜歡他的外表。他要在這裡交朋友，比起在家鄉困難多，但在這裡生活這麼多年，始終有些本地朋友，只可惜，儘管他渴望多了解香港文化、融入本地生活，人們仍會覺得他不會喜歡做一些「很香港」的活動，例如到「茶記」吃「碟頭飯」、到菜市場買菜和唱「卡拉ＯＫ」等。直到他透過一些活動和工作坊，例如物品回收和清潔海灘，認識了有共同興趣的朋友，他才真正與當地人連結起來。

「在辦公室裡，人們甚至不想對上眼，但在森林、郊區遇到陌生人都會點頭微笑。我相信肢體語言有一定力量，一個眼神、微笑都能在人心中縈繞不斷。」Oskar認為，人類是社交動物，需要與人交流，香港人卻滿腦子都是工作，壓抑得拒絕任何人與人之間的互動。他說社交有如水和食物一樣，是每天生存的必需品，如果缺乏社交，人們晚上回到家便要透過交友程式紓解寂寞。

這是一個惡性循環。

Oskar也有感到寂寞的時候，不過他找到方法打破這個惡性循環。在香港的頭幾年，他因為沒有房子，又與家人相隔遙遠，因而感到孤單。近年他做了很多靈性活動，例如冥想、瑜伽等，學習接受各種負面情緒，了解它們是自然且必有的，不用花強大的力氣對抗，免得帶來反作用力，學習如何讓負面情緒慢慢遠離，同時學會縮短被影響的時間。寂寞的情緒對現在的Oskar來說，已變得陌生。

一個在節奏急促的時裝行業打滾半輩子的人，是如何變成我眼前這個「靈修大師」呢？

「我的個人信仰有很大轉變，而我的行為亦隨之改變。各種轉變主要圍繞我對地球的關心，我漸漸開始意識到，過往的行為都違背自己的信仰，助長消費主義的風氣、破壞環境，我為此感到內疚。」我好奇地接著問：「這些想法從何而來？是旅行的所見所聞逐漸引發，還是這些想法突然就出現在你的腦海中？」他回答說：「這些想法在我環遊亞洲的一年半中慢慢萌生，絕非一夜之事。當時我被別人歸類為社會上的成功份子，在西班牙最有名的公司工作，職屬高位。但這些符合了別人對成功的定義，我卻不覺得自己是位成功人士。」

在旅遊後有了這樣的醒覺，Oskar回到公司再工作了五年。我無法想像，他以這個升級了的心態再投身工作會有多痛苦，我對他說：「如果是我的話，心境有所改變，有了想做的事，我一天都拖不下去。不過時間教會了我，有些事必須等待時機成熟方能實現。」Oskar認同耐性是關鍵：「在公司工作的最後五年，我並不痛苦也沒有掙扎，而是開心又容易渡過的時光，因為我有機會繼續到訪世界各地，學習新的文化。同時，我亦為了今天能做自己喜歡的事在工作期間存錢。所以我並不覺得那幾年是浪費時間，重要的是，我等到了對我來說最適合的時機。」

「這一切的改變，對自身意識的覺醒到底起源於什麼？」

他說不上實際的原因，只說有一個催化劑加速了整個進程：「當我們把所有時間用在工作之上，沒有人會再花心力精神思考有關人生的事，自己要怎樣的生活，想對社會做出什麼貢獻。我有背痛的問題，這令我必須請病假，讓我必須離開辦公室，我方有足夠的時間和空間反思人生。我把背痛和在辦公室長時間工作聯繫起來，才發現那不是我想要的生活，所以背痛這個契機讓我有時間思考當時我被生活的洪流推到哪裡去。」

和Oskar對話總讓人有一絲距離感，就算他活生生坐在我面前，仍感覺他像一個高僧，他回答問題的內容總是出乎意料，以為他會因為原地踏步而感到痛苦，他卻意外豁達；說的一字一句都是曾在自己內心認真思考和對待的。對社會敏感的觀察，對不同文化的包容，對人生的反思，全部加起來才造就了他今天能醉心於所愛之事的理想狀態。

是被幸運之神眷顧的孩子。

大學畢業的時候，每個人都在討論自己想做什麼，想當什麼。而身邊的人都恍似對這個問題有所答案，可做的跟說的不一樣，向眼前的工作機會遞交履歷表，考試，面試，通過，錄取。幾個月後，在飯局更新大家狀況，我心裡只有一個問題：「當初不是說想當什麼什麼的嗎，怎麼會做了現在這職業？」我沒敢問出口，深怕挖出什麼苦衷。有的會告訴我對未來有什麼計劃，現在做不喜歡的事只是過渡；有的說自己喜歡現在的工作，可那脆弱的眼神騙不了自己，也騙不了人。

是被幸運之神眷顧的孩子，為什麼寧願自欺欺人也不去思考，爭取醒覺的時刻？

如此的醒覺對於每個人的人生都至關緊要，因為它們決定了生活的模樣。這樣的時刻，在幸運的人一生中接踵而來，讓生命不斷進步；有些不幸的人總與這些醒覺的機會擦身而過，迫於無奈被置身社會的洪流之中；有的人甚至從未見證過這些時刻，不知道它們的存在。

James

美國・紐約

「我想念的是在街上與陌生人的日常對話。」

＊＊＊

James是個紐約人，一直在大城市中成長，在哥倫比亞大學修讀博士學位，然後當兼職老師，之後獲邀到夏威夷大學任職副教授，方才離開紐約這個城市。直到現在，於香港中文大學文化與宗教研究系任職副教授已有五年之久，他在大學的職務十分繁重，除了教學和個人研究，他還要指導碩士和博士生的論文研究、接收和評選文學院的學科企劃案、帶領及統籌伊斯蘭文化研究中心的運作。而James個人的學術研究著重於中國的伊斯蘭教歷史，這是讓他來到香港的其中一個誘因。

曾在中國內地生活的James會說一點普通話，也能讀懂少許中文，但廣東話對他而言，仍蒙著神秘的面紗。儘管有某種程度上的語言障礙，他仍基於專業考量來到香港，因為他研究的題目與中國的伊斯蘭教及穆斯林有關，香港的地理位置優勢讓他更容易到訪中國和世界各地。對比起來，他上一個生活之處夏威夷雖遠離繁囂，但對於頻繁出席國際研討會的James來說相較不方便。因此，他想回到過往的生活環境、回到城市，而香港對於在紐約長大的James來說並不陌生，不論是都市的活力和脈搏，還是各種壓力和文化刺激，都是他熟悉的元素。加上他來到這裡生活之前，已到訪過幾次。不過，儘管香港的城市面貌和紐約甚為相似，James的工作都因港美兩地工作文化不同，而有所差異。

他下定決心來香港之前，已預期要比在美國的時候更努力工作，來到後才發現，需要勤勞的程度遠超他的想像。而他大大增加的工作量並非完全圍繞他的個人研究，而是他在學院中擁有的種種身分和責任，以及隨之而來的行政工作。

作為師長，要在學生面前坦白這些重責和壓力並不容易，他的真誠令他成為我在大學時期最喜愛的老師。

大學有海量的行政工作，James每天花費很多時間處理這些文件，而學校所定立的規矩在執行上較少彈性，他往往要犧牲研究的時間和精力於各種任務之上。美國的大學在行政執行上較多彈性，亦較容易處理，譬如作為教授每年都要做自我評核，在美國，評核傾向質量化，James可以在報告中以文字描述課堂和解釋教學經驗；反之，在香港，同樣的評核數量化，所有事情都被簡化為數字，他要回答他工作了多少個小時、和多少個學生作出交流、發表了多少篇學術文章等問題。填寫這樣的簡報看似更快捷和節省時間，因為並不涉及複雜的思考和文字論證，但試想要準確地回答這些問題，不就代表著每天都要記錄工作時間、和學生交談也要記下來嗎？

除了工作量增加，兩地的課堂環境也有天淵之別，James也花了很多時間去習慣和使用新的方式幫助香港學生學習。香港學生的學習和交流方式和美國的不同，相對安靜和被動，在課堂上較少提問和發言，除非教師主動作出交流，否則師生之間缺乏互動。這讓James非常困惑，他並不知道他的學生能吸收多少課堂知識，和對課堂的編排有什麼意見。而他的教學方法也隨著學生的學習方法有所改變。我大學一年級的時候，剛好上了James在中文大學教的第一堂課，當時他沒有筆記，也沒有簡報，只以一口對香港學生甚是陌生的美國口音，像講故佬般娓娓道出伊斯蘭教的歷史故事。當時我聽得入神，但James後來才發現，這樣的教學方式並不適合大部分香港學生。他們希望在課堂上獲得資訊，並能夠在課堂外回顧，且在聆聽講課時，有視覺的參與和幫助。所以James在兩個學期後改變了教學方法，在課前製作簡報，讓同學能掌握課堂要點，亦能在課外基於簡報延伸學習。

除此之外，James班上學生擁有的英語程度落差很大，有下筆成文的，也有水準參差的。他在閱讀學生的論文時，需要投放大量時間和精力修正他們的文法錯處，而非閱讀內容和評核他們的論證能力，這些對他來說都是一大挑戰。教學上的變動奪取了他投放於個人研究的時間，與之相反，在美國的教學固然比較省時，學習風氣的差異更能為他帶來益處。美國的學生主動投入課堂，James能以學生的發問和討論作為課堂的一部份，有時候更會被學生的問題啟發，發展成未來的研究題目。再者，學生們在課堂後和James也會有溝通，成為他社交生活的一部份。不過有趣的是，雖然香港的學生比起美國的內斂，James也較多和美國學生有課內外的交流互動，他卻在香港和幾個學生擁有深厚的友誼，反倒在美國沒有。

James對這種師生情誼樂於其中。他在香港的朋友主要是學生和與工作相關的人，他認為與其他同事的關係較專業和功能性，較難發展成深入的社交關係。他估計因同儕忙碌的工作和家庭生活，令他們的相處只有工作的空間。而孤身一人，沒有任何親人伴隨來到香港的James難免感到寂寞。

不要說孤身一人了，我有家人有朋友，都總會感覺跟不上城市的節奏。

來到香港後，James才發覺共同的語言和文化背景比他想像的更重要，即使在城市中，身邊有上百萬人，有任何想法和意見不能與人分享是寂寞的主因。當寂寞來襲，你覺得自己不被了解時，陌生人的出現就會令寂寞感累積。隨著人數增加，寂寞感亦會上升。而當身邊人說著你不懂的語言時，就活像身處在另一個星球。我問他：「如若我們刻意去忽略別人的不理解和身邊很多陌生人這個事實，那我們是否就能減少寂寞感、減少對生活的影響？」他認為這個方法對某些人可能奏效，但除了「理解」之外，人與人之間的聯繫也很重要。人類是社會生物，缺少和人的聯繫，一個人就不能健康地成長。有如英國詩人約翰多恩（John Donne）所寫：「沒有人是一座孤島」（No man is an island），要是我們試著當一座孤島，我們很快就會被淹沒在對我們毫無意義的人海之中。

他總是這樣說著充滿智慧的話，提醒我不要忽略事情的另一面。

James亦需要與人連結，他說：「雖然數量少，但我在這裡也有交往很深的朋友，我想念的不是和任何人深厚的情感，而是在街上與陌生人的日常對話。居住在自己城市的人總把這些小事當作理所當然，於我而言相當奢侈。你有可能在這些對話當中學到新的事物，例如在市場和檔主對話，學到如何烹飪新菜式。因為語言不通，我絲毫不能享受這種交流。」我回應他：「你並不孤單，即使我和本地人語言相通，我也很少機會有這種小對話，反而是旅遊時身處異地，才有機會和陌生人開口說說話。」我們都認同香港人面對陌生人，心房關得比較緊。他接著說：「雖然大家都說紐約人冷淡，即便如此，看似紐約人還比香港人更願意展開對話。」

環境的轉變和落寞的心情，讓James和人們的相處模式有所改變，他的生活中缺少了和陌生人的對話，他便選擇和朋友溝通時討論更深入的話題，以此填補社交上的空缺。他說：「要是我開始說話，我可以連續幾個小時滔滔不絕地說。」

這應該是他成為一位好教授的其中一個原因吧。我畢業後和他碰面，談天說地的時候總能聊上兩三個小時，有一次在餐廳吃完晚飯，聊到餐廳都打烊了，再走到旁邊的咖啡廳繼續談。不管是和朋友促膝長談還是日常的小對話，都是生活中不可或缺的一環。

這位好教授是個出色的說書人，我多希望我的文字能像錄影機一樣，錄下他的一字一句，呼吸停頓和語氣，讓他帶你走進他的故事。

訪問的時候，我都會問受訪者：「作為一個外國人在香港生活有什麼好處和壞處？」香港為他帶來更多機會與國際學者交流、參與學術研討會、薪金有所增長，而在這五年了，各種不好的地方，James都找到方法解決，但這五年的日子不僅僅是香港為他帶來什麼，而是他在這裡的生命，還有哪些故事沒說。

他離家遠了，也離愛的人更遠了。

「當你父親離開人世時，你卻離家千里，你當時有什麼感受？」

我知道James會很真誠的回答我，他沒有遲疑，深呼吸了一口說道：「幻想你在一個陌生的環境，這座大都市容不下幾個為你帶來情感支持的親密朋友，你最親近的人和你相隔半個地球，你的夜卻是他的晌午。因為我的父親並不懂得使用網絡科技，通電話是我們唯一的溝通方法，我需要找到合適的時機與清醒的他對話。他的健康每況愈下，頭腦漸不清晰，想要溝通難上加難，感覺他離我越來越遠。我已經失去了我的母親，對她無比想念，也清楚明瞭父親的孤單和憂鬱，但我們能為對方做的、能為對方帶來的支持微乎其微。當他的健康繼續走下坡，我的愧疚隨之遞增。相隔千里的我剩下無助，只能等待一次事隔許久的機會，回去探望他，同時希望他在等候我時一切安好。這期間，我最害怕的是深夜收到姊姊傳來的噩耗。

而這通電話終於在二零一八年十月二十五日凌晨三點三十六分來臨了。

儘管我知道這一刻早晚會來到，我當下仍很驚愕，然後是萬般懊惱、悔恨，接著鬆一口氣，終於不用再等待任何一通電話。兩天後我便回到紐約，準備葬禮，作為『一家之主』也要安慰家中其他人。父親去世的時候姊姊就在身旁，所以她承受著巨大的痛苦，而這也加重了我見不到父親最後一面的愧疚。」

「你有想過為你的父親回到美國嗎？」

「當然有，但我的父親並不希望我放棄工作，我在紐約並沒有教席，所以我的職業需要我過著現時的生活。」我接著問：「這樣的一個經歷，你是如何撐過來的？」他說並不知道，他只是埋首工作，變得非常機械式，完成一個接著一個的任務，才能減少胡思亂想。

我說：「回憶是件很可怕的事，壞的回憶很折磨人，而好的回憶則在提醒我們，從那次回憶起，直到現在的生活到底有多糟糕。」

天真的我以為，像James這樣的專業人士，比起基層或較貧困的人在生活裡會有更多選擇，可以自由決定在哪個城市定居和工作，可以選擇留在愛的人身邊，或者離開愛的人為他畫的圓圈。回想起來才發覺在這本書中，大部分來到香港這片異地的外國人都因為工作需求來到這裡，你說他們可以隨心所欲追求自己的未來嗎？並不是；你說他們毫無選擇的餘地嗎？也不是。若我們沒有被生活迫得要每天在街上拾紙皮賣個十元八塊，手裡握著這本書的你我，都和這些異鄉人一樣，在那個叫自由的光譜之中浮游著。

Sugiyama Masatoshi

日本

「我是人類，作為一個人，我敞開心胸，不為任何事物設界限。」

＊＊＊

來自日本的Sugiyama Masatoshi和他的香港妻子Anissa非常好客，邀我到府上進行訪問。他們住在新界的村屋，路比較難找，當天我坐的車子在附近繞了兩個圈，還是找不到正確的地址，還好Anissa站在露台上與我通話並等著我，看到我坐的車子在遠處，她向我揮手，我才成功抵達。她還下來大門迎接我，之後帶我到二樓的住處。走上樓梯，一打開門，先看到的不是Sugiyama，而是他們夫妻倆領養的金毛尋回犬，牠完全不怕陌生人，還很興奮地搖著尾巴，一下撲到我身上，臉上掛著傻傻的大笑容，我和牠拉著手，再摸摸牠的頭，待牠滿足地撒完嬌，我方能走進屋內。我快速地環顧四周，黃色的牆上掛著幾幅畫和一些紮染的布，沙發上放著Ikea的抱枕，轉過頭來還看到一個淡水魚缸，養著他們從河邊捉的魚；還聞得到梵香味，我的眼神隨著金毛尋回犬的步伐移到陽台，牠走回床上拿玩具，我看原來是點燃了驅蚊香，一個充滿靈性又不失設計感的家。我放下背包，終於，主角Sugiyama抽完煙從廚房裡出來。

「你們的家很漂亮。」這是我們握手打招呼時我衝口而出的第一句話，當時我心裡想：「室內設計師的家果然不一樣。」「這裡是她設計的。」Sugiyama看向他的妻子，嬉鬧地向她拋了個媚眼，回答說：「她是一個藝術家。」Sugiyama想開她的玩笑，眼神卻藏不住對她的愛慕。我望向Anissa表達驚嘆和欣賞，她手指夾著根煙，用害羞又帶點自豪的眼神回應我。這家裡的設計非常符合它主人的氣場，我們在這融洽的氣氛下，聽著外面的鳥鳴聲，坐下並開始交談。

我和Sugiyama聊了起來，Anissa在過程中為我們準備飲品和零食，不時也會加入討論。在日本出生和長大的Sugiyama在大學修讀室內設計，之後一直從事設計行業。一九九六年，因工作關係而第一次到訪香港，兩年後他回到日本發現原本的人際網絡和客人通通流失了，他趕不上這變化。所以在一九九八年，他再次踏足香港，現在已在這生活二十二年了。Sugiyama曾是日本一家大型百貨公司的設計總監，負責整個商場和百貨部門的室內設計，監督大大小小的維修和裝修工程，而現在正享受著退休的日子。

有時我和Sugiyama的英語交流會對不上線，Anissa便幫我們傳譯，我問Sugiyama對香港這個城市有什麼感覺和想法，他模模糊糊地答了一些有關工作的事，聽得我一頭霧水，可能他也聽不懂我的問題，Anissa便出手相助，耐心地向他解釋我想問什麼，我們才再度展開對話。

Sugiyama說：「我很喜歡香港簡單、直接的文化，在香港工作對我來說很刺激，工作的時間緊湊、節奏很快。在日本，我們有很獨特的文化，不管是工作還是和朋友相處，一切都很慢和很複雜。」我不明白「獨特的文化」是指什麼，請他深入解釋。「我們需要向很多人表示敬重的態度，所有事情都取決於職位高低。試想像在工作時，一個簡單的想法要由低層傳達到高層，要先得到上司的允許，然後這個上司與他的上司示意後，還有上司的上司的上司。在日本，一個職位較低的員工，根本不能提出任何意見，而香港便不一樣。」Sugiyama身在設計行業，而且作為總監，有一定自由度去營造他想要的工作氣氛。所以他在香港體驗到的是，在設計團隊裡，任何人都可以提出意見，儘管是職位較低的員工也可以直接和高層對話。而他自己有什麼意見，亦可以直接向管理層傳達，管理層亦會花時間評論其意見再作決定。對他來說，只要員工有熱忱，與上司之間有化學作用，溝通便來得容易。如此一來，訊息的傳遞比起在日本時更簡單直接。他因為不喜歡日本「獨特的文化」，所以在那闖了很多禍，為別人帶來很多麻煩。他開玩笑地說：「所以他們很慶幸我離開了日本。」

雖然Sugiyama很喜歡香港的辦公室文化，但在建築工地的工作文化，對初來報到的他簡直難以置信。他說：「在工地裡，香港的風格就是沒有東西是百分百肯定的。」為了省錢省時間，高層期望的工程進度總是過分緊迫，如若Sugiyama說要六個月才能完成一個工程，上頭總會要求三個月便要完成，而結果總是超出他們的要求。在日本進行工程，所有事情都有標準，並以安全為先，因為他們想避免任何意外和保險賠償，即使顧客要求加快完成工程，他們亦會以安全理由拒絕，表示沒有其他捷徑。而根據Sugiyama的描述，香港的工地十分髒亂，垃圾遍地，我曾到訪父親工作的地盤拍攝，裡頭的確塵土飛揚，滿地垃圾。雖然我沒有看過日本的地盤，但我到日本大阪旅遊的時候，曾在街頭遇到正在休息的地盤工人，他們穿上一式一樣的深灰色工人服，衣服上沒沾上一點污跡，看上去比我還乾淨。

沒有日本的安全標準和系統，Sugiyama工作時，香港的工程全由老闆決定：「只要他們說工程全速前進，沒有什麼是不可能完成的。」不過，在地盤裡總會有意想不到的意外，導致進度不似預期，譬如在鑽地底時，突然有地下水噴出、某個工人在高處墮下、機器故障等。Sugiyama舉了個事例：「有一次，銷售高層為了減少工程時間，不顧我的反對，堅持加快進度，工人們不眠不休地工作，最後有一名工人不小心切斷了手指。那時我告訴管理層，這就是現實，我們必須按準則，合理地安排工程進度。」從那時開始，Sugiyama為百貨公司的工程訂立一系列規則和合理的時間表，又和公司的清潔部門合作，整頓地盤裡的工作環境。公司加強內部合作、提高安全準則，讓工作效率隨之上升，不用強行催趕進度，亦自然地縮短完工時間。

日本人工作井井有條，以安全為先，雖然Sugiyama不喜歡日本的「獨特文化」，卻把這個優點帶到香港。

「過往在日本，說話時我的大腦會作出多層過濾，來到香港後，這種思考模式都被摒棄了。」

Sugiyama告訴我，不論在日本還是香港，「枱底交易」在設計界都是行規，建築工程的承包商都會為了投得成上千萬的生意，向身為設計總監的Sugiyama提供各種好處，例如直接給他金錢，邀請他到高級酒吧。我還蠻驚訝的：「所以我在日劇裡看到他們會把一堆現金放在蛋糕下面，在現實世界也會發生？」「是的。」他回答我說：「過去我在日本，的確有接受各種好處，但來到香港我想改變，我並沒有再進行任何枱底交易。」他接著說：「我在香港這間百貨公司工作一年多，公司的老闆由日本人換成香港人，我和這個香港老闆初次見面，他直接了當的問：『你在這個職位從枱底交易得來的錢，一個月有多少？』」Sugiyama很驚訝，老闆竟然第一次見面，就談及這個話題，相比日本截然不同。如今Sugiyama不再受到固有文化的約束，他直接告訴這位香港老闆，他並沒有收取任何好處，當下老闆當然覺得他是個怪人，有好處也不要。二人的關係建基於有透明度的對話，久而久之，他們之間亦產生了深厚的信任，讓工作更加順利。可能真有如Sugiyama所說：「一切在於員工的熱忱，以及和上司之間的化學作用。」

香港人做事的確直接了當，說話不吞吞吐吐、拐彎抹角，同時造就了為人所知的「高效率」。作為香港人，我挺自豪的，自然而然也習慣了一切便利。人在外地時，常覺得所有事情都像蝸牛爬行一樣緩慢，不管是在快餐店點餐、在酒店等候前台服務員、還是網絡速度，在香港盡享快速，在外地無從可得，容易失去耐性。Sugiyama也很喜愛這種速度和效率，在日本長大的他，來到香港後就像一個被寵壞的孩子（和我一樣）。他一年回家鄉兩次，但總不缺一些惱人的瑣碎事。Anissa說：「他在外邊（日本國外）太久了，要重新回到這個國家的系統，是一件很困難的事。」

「我經常在日本地鐵站迷路，那裡已經不再熟悉了。」

Sugiyama覺得香港的交通很便捷，最重要是很快速。「日本的鐵路網絡也很發達，速度也很快不是嗎？」我問，他答說：「的確，但除了鐵路之外，公共交通工具就只有巴士了。」有一次他嘗試在日本坐巴士，他等待司機開門後上車，關上門後司機對乘客溫馨提醒：「我現在要開車了，請乘客坐穩，沒有座位的乘客請握緊扶手。」然後轉彎的時候司機會說：「巴士現在要左轉了，請乘客們小心。」Sugiyama激動地說：「司機每次都要用兩分鐘來說話，車子就開得很慢！」對於熱愛到日本旅遊的香港人來說，這個情景可能會被解讀為日本人很有禮貌，司機的服務質素高。我告訴Sugiyama和Anissa：「我到訪過很多國家，直到近幾個月才第一次踏足日本，我驚嘆不已，走在日本街道，感覺身處另一個星球。」Anissa回應說：「對於旅客來說，日本可能是一個消遣玩樂的好地方，文化亦有其獨特之處，但對於日本人來說，只覺得這個國家停滯不前。」

這是一個很強烈的評價，他們不是經濟學家，也不是時事評論員，卻是能夠確實感受當地生活的普通市民。

Sugiyama告訴我另一個讓他們無語的故事：「日本巴士有兩道門，分別為入口和出口。有次我在巴士上看到一個行動不便的女人上車了，她坐在離出口門較遠的位置，而靠近入口的門，當她要下車的時候，她請求司機讓她在入口下車，司機指規矩不能違反，女人再三請求，司機還是無動於衷。當時這個女人身邊站著很多乘客，完全沒有人伸出援手。我坐得很遠，在巴士的後方，我終於忍不住向司機大喊，拜託他行個方便，讓這位女士在入口下車，司機仍然表示，規矩便是規矩。一輪爭吵後，司機終於讓這位行動不便的女士在入口下車。」

巴士上的人對這位女士的難處視而不見，Sugiyama相當不滿，而且當他為這位女士說話的時候，車上的人全看著他，好像他做了什麼罪犯滔天的事一樣。

儘管別人的眼光只是一秒，但尷尬的氣氛在空氣凝結，把時間拉長了。要是這個畫面出現在文藝電影裡，在十六比九的螢幕上放映著的是五分鐘的一鏡到底。畫面的色調偏冷，鏡頭從司機堅持的臉孔游走到感到為難的女士，再穿過一個個灰暗又冷漠的身影，最後停在生氣的男主角身上。氣紅的臉與藍綠色的背景有強烈對比……

他們夫妻倆認為，日本人很有禮貌，但並不樂於助人，活像機械人。可能對他們來說，這個特點就是感到這地方停滯不前的主因。

在談話之間，Sugiyama的確跟我接觸的大部分日本人不一樣，並不是坐得筆直，彬彬有禮，而是感覺較隨性，情緒也表露無遺，人類的氣息比較重。他自己也說，活在香港，從不視自己為一個外國人：「我是人類，作為一個人，我敞開心胸，不為任何事物設界限。」他會因為不滿英語課的安排和老師吵得面紅耳赤；他會因為在日本火車裡接電話受到路人側目，向所有人說他不接這通電話會被解僱；他會喝得微醺，彈著貝斯與友人即興演奏。

第一次見到他並沒有這個想法，現在回想，他看起來貌似櫻桃小丸子的爺爺櫻友藏，很可愛。

Jennifer

哥倫比亞

「香港是我的夢想城市，在這裡生活恍若置身夢中。」

＊＊＊

我透過一位大學同學的介紹認識Jennifer，相約在她經常光顧的咖啡廳碰面，買咖啡時店員稱讚她很漂亮，她以陽光的笑容回應，說了一聲謝謝，店員直說因為她的美貌所以記得她。喔，不是店員要撩妹的情節，只是女店員欣賞世上之美，眾所周知，女生比男生更喜歡看美麗的女孩子。就如照片中一樣，Jennifer的臉孔符合了東方人對美的追求，大且深邃的眼睛，高挺的鼻子和尖下巴。加上常常掛在嘴邊的笑容，讓我迫不及待想知道這位美麗女孩的離鄉故事。

才發覺這可能不是「離鄉」的故事。

來自熱情的哥倫比亞，Jennifer抱著對文化和語言的興趣到中國讀大學，學習普通話，在那待了兩年半以後，大學沒畢業就退學了。

我很詫異，問道：「為什麼會退學？」她回答說：「我認為我的普通話程度已經很好，當時我只想換個生活地，尋求改變。」我馬上由英語台轉到普通話台，她立刻跟上，和我對答如流，普通話水準真的很好。之後，她便離開中國，到美國探望在當地生活的家人，並從朋友那裡得知一個在香港義務工作的計劃。來到香港，在教會當一年義工後，便開始在幼兒園和小學當教師，教英語、西班牙語和數學，至今已在港五年。

「你起初為什麼會來香港？」

「我是看中國電影長大的，像功夫啊、成龍啊。我被亞洲文化深深吸引，我有一種感覺，總有一天我會在亞洲生活。即使香港不是我長大的地方，卻感覺像家，來自世界各地的人雖然不生為亞洲人，卻在這裡分享同一個亞洲文化，如此的中西文化交融和國際社會獨一無二。」與在中國生活比起來，Jennifer更享受在香港生活，她很強調香港有家的感覺。在這裡，「家」的概念，與其他異鄉人因在這裡生活久了而所獲得的歸屬感，以及視香港為第二個家是不一樣的。

她十四歲時第一次踏足這個城市，就被這裡的摩天大廈、天際線所震懾，從那時候開始，香港就成為她的夢想城市，她夢想著有一天在這座如她所說——「瘋狂的城市」中生活。所以這種「家的感覺」，較貼切的說法是，她感覺自己本來就屬於這個地方。初來報到，這座城市既陌生又親近的感覺，Jennifer也說不上來。我想這種感覺就像生為男兒身的莉莉艾爾伯初嘗穿上女裝的滋味，在以男生身分生存了三十年後，才發覺自己內心的女性靈魂一樣。

Jennifer在各種旅程後找到了屬於自己的家。

「不論之前在中國讀書，還是現時在香港工作和生活，我都覺得自己無時無刻在學習新的事物，到處都有我不懂的文字和符號，十四歲時感覺這個城市很大，很摩登。現在長大了，在這待久了，便覺得這裡很小，一切都很熟悉。」對Jennifer來說，香港不止是親切的家，更給了她各種機遇，她說香港在各方面，不論是文化、食物、還是商業，都跟全世界接軌，總會有更好的機會在某處等著你。比如熱愛舞蹈的她可以在香港找到不同派別的舞蹈教室，懂得多國語言亦成為尋找工作的優勢。可是，當她感受過這種國際性後，她原來的國家哥倫比亞顯得與世隔絕，在當地就只有哥倫比亞的本地文化。所以Jennifer現時並沒有離開的念頭，香港就是她想待的地方。

不管Jennifer多熱衷學習新語言，學習廣東話依然是一大難題。她起初以為自己能快速地了解香港的文化，但不懂得廣東話是一個重大的缺失，因為香港既融合了世界各地的文化，亦同時擁有非常在地的文化，且與廣東話這個語言無法分割。她並不會經常流連在多數外國人聚集的港島區，反而經常出沒於屯門及沙田等本地色彩較濃厚的地區。而以極高工作效率見稱的香港人，在看到外國臉孔的時候，總會為了方便和有效率地溝通，先開口說英文，不必費時教導廣東話或以肢體語言交流。因此，Jennifer感覺她不能完完全全地融入香港，亦未能感受香港文化。她會因為不能說廣東話而不坐計程車，改乘其他公共交通工具。如果坐小巴的時候，她更會害怕告訴司機她的下車點（在香港乘坐小巴，乘客需要向司機大叫，是真的大叫，向司機表明自己需要下車，而司機會揮手示意接收到訊息，如果司機沒有揮手，乘客必須要再叫大聲一點，對少坐小巴的人難免會尷尬）。除此之外，有時候她和一大群朋友外出聚會，有一群在說英語，另一群在說廣東話，有時候他們說了什麼有趣的事，會有人翻譯為英語再告訴她，等待翻譯的人們總慢一步才能笑。

除了語言上的障礙，Jennifer在工作亦因溝通方法上的文化差異受了小苦。她永遠不能在上司和同事口中直接獲得意見或回饋：「對我做的任何事，他們總是微笑，就像我做得很好一樣，可是隔了一陣子我才發現事實並非如此。對我有任何意見或問題的時候，他們總會告訴另一個人，那個人再告訴別人，兜兜轉轉，我是最後一個才知道的。」這有時發生在同事之間，有時則是Jennifer的上司通知她遠在美國的主管，她再從美國那邊接收到訊息。有一次Jennifer的朋友邀請她幫忙拍攝一段短片，並在短片中露臉，她應邀和友人相約某個星期日。因為Jennifer的工作合約中列明她每個月可以在一個星期日休假，而她也從沒使用過這假期，所以她向上司解釋並請了假，上司表示明白，並在當天工作量很小的情況下允許此申請。但後來她發現辦公室裡有謠言，指責她的工作態度不認真，沒有全情投入，更跑去當泳衣模特兒。Jennifer帶有一點怒氣，開玩笑地說：「我連做泳衣模特兒的身材都沒有，他們到底在說什麼？」後來，她向上司展示朋友的短片闢謠，並提出希望同事以後有什麼意見能夠面對面告訴她。

這類事情偶有發生，Jennifer也覺得挺困擾，不過她強調，一個外國人要在這個城市生活，就要彈性地處理這些文化差異所產生的問題，並調節自己的心態，才能在這裡好好生活。所以她不會把自己的專注力放在負面的事情上，而是專注在好的事情之上。現時的工作很合她的心意，能賺取足夠的收入與朋友合租房子，更有多餘的金錢存下來。

與朋友共住同一屋簷下，對於孤身在香港的Jennifer來說，排解了不少鬱悶，她形容自己喜歡家中有人作伴，不管是朋友家人好，男友也好，她不喜歡家裡空蕩蕩、只有自己一個人的感覺。「就算我有很多朋友可以一起遊樂，要是我自己一個住，回到家後打開門就會覺得『喔，好吧……』。」聽上去也不到非常差勁，但心中就是缺了一塊吧。Jennifer喜歡的不只是家裡有人作伴，而是能一起生活，在我們的訪問結束後，她便與同居的朋友相約一起看新的住處，她說：「重點在於生活。」即使她在哥倫比亞有親戚家人，但他們都有自己的生活和步伐，就算回去他們也只是時不時碰碰面，所以對於現在的生活方式和水準，Jennifer都很滿意。不過在她有能力親手建立這一切之前，她還有過一段電影般的經歷。

她自己一個人住在一所教會學校裡，足足三年。

「三年？自己一個？在學校裡？」我嚇得口齒不清，她才剛說自己有多喜歡「家裡有人」，是怎樣撐三年的？而且一個女生在學校住，聽起來不像恐怖電影嗎？她答說：「對！就像恐怖片那樣。我住在學校地下走廊盡頭的一個房間，通常警衛下班會亮著幾盞燈給我，但有時他們忘記學校住了一個人，便把所有燈都關掉。我要是回去時發現漆黑一片，我就會抱著袋子奔跑回房間，然後把門鎖上。但更大的問題是，那門鎖並不穩固，讓我感覺很不安全，導致我胡思亂想，要是有人破門而入怎麼辦？我又不會自衛術，我如何保護自己？我更因這三年的經歷患有失眠症。」

「我覺得你是個很堅強的女生啊！」

她否認，不知道是否因謙虛，還是她坦誠地認了，她直說她是個軟弱的女生，正正因為這段經歷，她更想在香港有一個與人共享的空間去生活。

她做到了，我很替眼前這位可愛的女生高興。

能成功在一個新的地方，由零開始建立自己的生活，困難重重，但聰明的Jennifer有很高的文化智商，她願意花時間了解香港的文化和語言，也很清楚什麼個人條件方能塑造異地人在這裡的優質生活。她認為外國人需要保持一個開放的態度，發掘和理解香港的不同面貌，否則很容易只看到城市的其中一面，而錯過很多東西。「我認識很多在香港的外國人，他們永遠只留在一個地方『派對』，被個人無形的規則限制，例如不喜歡某些菜式加入新的食材，不去看看香港特有的自然景色，不和當地人對話。」

而Jennifer則自認自己「很香港」，「怎麼個香港法？」連我這個香港人都不知道怎樣才是「很香港」。這個來自南美的女子回答稱，她已分享了很多香港的文化，例如她覺得用筷子進食會比較方便，她喜歡一些獨有的地道食物，像點心和街頭小食，而她的朋友從不能理解她對這些食物的喜愛。另一個例子是，在西方國家和她的出生地，人們用手指比出「六」的時候，是一隻手用五個手指頭，加上另一隻手的一個手指頭；而在香港，人們會伸出一隻手的拇指和尾指，收起中間的三隻手指，以表示數字「六」。Jennifer比出「港式六」說：「我和香港朋友聊天的時候要是比了這個『六』，我的哥倫比亞家人看到，會不明白這是什麼。」對於自己融入香港，看來Jennifer感到十分快樂和滿意，就是這些生活的細節讓她有實感，和家的感覺。

有時候，我們就是要離開家才能找到家。

Fernando

巴西

「我與其他普通人一樣，我只是很努力工作。」

* * *

在夏天佔據這個城市，烈日當空的一個中午，我站在足球場邊等待Fernando完成練習，當時練習將近結尾，我遠遠看到他和隊員有說有笑，拉完筋後他慢跑出場，帶點氣喘，汗流浹背，小汗珠在他額頭上，像在那每天和太陽玩遊戲的皮膚上灑金粉。他對我微笑，露出雪白的牙齒，我們相互握手，自我介紹，我便回到涼快的會議室等待他。經過一輪練習，他洗完澡後還是滿臉汗水，卻依然精力充沛地和我打招呼。「一整個上午在大太陽下跑來跑去，做各種訓練，不累嗎？」我心裡想。這些小細節我都無法忽視，這大概就是球星的魅力。

三十二歲的Fernando來自巴西，已在港七年，他帶著巴西妻子來這，並在這裡誕下現在已經三歲的兒子。他受邀於一位情同手足的朋友，來到香港踢足球，他們在巴西都曾在同一個球會。這位朋友比Fernando先來到香港，待了一年半後，便義氣相挺地把Fernando推薦給他現時的教練。Fernando當時對香港毫無認識，更沒有聽聞過這裡的足球運動，他只是上網查了一下「香港」覺得：「香港是個好地方！去吧！」就這樣下了決定來到這裡。

「香港很漂亮，是一個很厲害的地方，最重要是十分安全。」他第一次來到香港，在從機場出發往銅鑼灣的巴士上的唯一感想便是這樣，到現在也沒有變。他覺得有冷氣的雙層巴士很神奇，摩天大廈、各種城市化的東西都是他在家鄉沒看過的。他邊笑邊說：「現在我差不多是個香港人了，我即將可以取得香港護照和身分證，除非香港不接受我！」我回應他的玩笑：「香港很歡迎你。」

初來報到時，Fernando不會說英語，他靠著上網自學，以及和現居香港的巴西朋友一起學習，現在的英語已經說得很好：「雖然香港人的生活急促忙碌，不像巴西人一般友善熱情，對著誰都可以滔滔不絕，但我和香港人相處都沒有問題，也不曾面對歧視。」他與來自世界各地的足球隊員相處融洽，他們大多用英語和西班牙語溝通，Fernando的母語是葡萄牙語，與西班牙語接近，他與隊員溝通毫無難度。「每個人處事待人都有不同的風格，我尊重每一個人所以並不會有任何問題。」有別於書中其他異鄉人，Fernando沒有丁點兒面對因文化差異和語言不通引起的矛盾，我不明瞭，心裡想著他是如何辦到的，問他：「你有沒有思考過是因為什麼原因，讓你這麼容易融入新的文化環境當中？」他傻傻地大笑，回答道：「我不知道喔！可能是因為我經常都很快樂、隨和、健談。這就是我的風格，跟每個人都合得來。我也不會把心力放在負面的事情上，世上任何事物我都很喜愛。在這裡我相當快樂，享受著每一天，悲傷對我來說是一件很困難的事。」

在二十分鐘前，我對他的第一印象是認真練習的模樣，直到現在，他從骨子裡滲透出樂觀知命的態度，我在心裡不禁感嘆：「這些就是他能成為球星、香港足球先生的原因嗎？」我開玩笑地對他說：

「聽說你是位很有名的球星，巨星的星！」他笑笑說：「不是，不是，我與其他普通人一樣，我只是很努力工作。」

除了樂觀、努力認真，Fernando還有一個特點把他帶到今天在香港足球界的位置。

「我無法放棄足球。」

Fernando十八歲時曾在辦公室做跑腿，要把文件送到不同地方，後來他上班的日子逐漸減少，反而跑去練習踢足球。身在學術世家的Fernando受到家人反對，倍感壓力。「我家裡每個人都讀書，他們要不是醫生就是律師，而在巴西，能獲得教育的機會並不容易，我有這樣的機會，家人都希望我不要放棄，他們覺得要認真讀書，然後好好找一份工作，這比當足球員簡單多了。他們想我上學去，但我只想踢足球。」在巴西，足球運動的競爭激烈，他說幾乎每一個人生下來就想當職業足球員，每一條街、每一條巷，人們都在踢足球。即使真的當上足球員，和球隊簽約，那邊的薪資也和香港不一樣，非常不穩定。有可能簽了半年約，到了最後一兩個月發不了薪金。而在香港，每個球季共有五場比賽；在巴西每個球季則有十六場比賽，在這個全南美洲最大的國家進行的足球比賽，每每都在不同城市，足球員需要經常坐巴士或飛機，穿梭東西南北，剩餘的時間便拿來訓練。

二十二歲時，Fernando有機會到德國做職業球員，不懂德文的Fernando靠他的經理人與球隊溝通，在飛往德國前，已經在巴西與球會簽好合約，之後啟程到德國，與球隊一起練習了一段時間，便回到巴西休假。不料經理人與球隊對出現溝通問題，使合約告吹，Fernando便再沒有機會回到德國：「我以為我只是回家休假，但原來我失去了這個改變我生命的機會，那原本將是我足球生涯很寶貴的經驗，薪金亦很好，但這一切終究沒有發生，我便回家了。」我在心裡計算一下，他回到巴西後，還待了三、四年才來到香港，我問：「那三、四年期間你做了什麼？」

「喔！我的天啊！」他說。Fernando本來全程雙手合十放在桌面，身體向前傾，並面向著我，充滿笑容，但這次他邊說邊整個人向後坐，靠著椅背，雙手離開桌面輕微擺動，他露出些微困惑的表情：

「在德國回來之後，我真的很想放棄，那三、四年是最難捱的時候，我心裡想：『還是我去讀書算了？』但每次放棄的念頭萌芽之時，我都會祈禱，願上帝給我力量，繼續踢下去。然後便總會有人給我來電說：『Fernando！我們的足球隊需要你，你來吧。』我什麼都沒多想便去了。」Fernando就這樣在巴西不同的球隊，這裡待幾個月、那裡待幾個月，不管多困難，他還是在踢足球。

是堅毅不屈的精神，足球就是他的天命。

儘管失去了到德國當職業球員的機會，在輾轉之下，Fernando還是為了足球來到香港。在這裡，足球訓練比以往更系統化，但他形容，香港生活和在巴西差不多，可能在家鄉多一點朋友，外出要多注重安全。香港這個地方，則徹徹底底改變了他的人生，他有能力和條件去做以前做夢都不敢想的事，去旅遊渡假、為家裡帶來經濟支持、甚至是生小孩；因為巴西的安全問題，Fernando以往從來沒有想過他可以有自己的孩子，要是在巴西把孩子帶到戶外，他們可能會遇上各種危險，在街頭打鬥的流氓、不長眼睛的槍火，光聽都能明白，為何他無法設想有孩子的未來。

如今他能把孩子帶到任何地方，給予他一切，這是作為父親最大的力量。

「過往我只為了自己工作，但現在我開始對人生若有所思，對生活的看法不一樣了，現在我是一名父親，擁有萬分重要的人，我要為了他們繼續進步。」

這名既為香港足球先生，又為人父的巴西男子，正努力地管理自己的身體，當其他足球運動員普遍於三十五歲退役時，他卻想要一直踢足球到四十歲。每天管理飲食、確保有充足睡眠，即使休假亦從不停下來，那時你便會在健身房看到他的身影。從這裡就能看到，Fernando為繼續進步和未來所投入的一切。而我這個年紀尚輕的女生，在香港出身已比世上很多人幸運，也從未像Fernando那樣以一生作承諾，大至終身職業，小至三餐吃什麼，去為自己和家人的未來打拚。

我問他，從巴西來到香港有什麼個人轉變，他說不上來，但答案在我的腦海裡，就是他從未改變，一直保持一顆赤子之心。他樂觀、拚命、永不言敗，但要我從他的故事中尋找蛛絲馬跡，剖析什麼因素和個人條件造就他今天的成就，可謂是白費力氣。說到底在球場上用汗水澆得滿地青翠的是他，我只是在一片安逸之下聽了他的故事。

等到那一天，為所愛的人揮灑汗水的是你和我，我們便知道是什麼造就了那天的我們。

輝煌

HAIR

24 hrs
全日
adidas

FANDA
達成
NDA
達成
宏輝物流

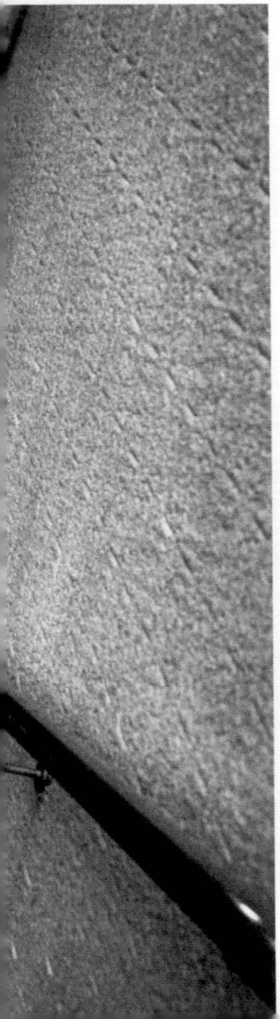

麵包買二送一
BUY 2 GET 1 FREE
FLOUR

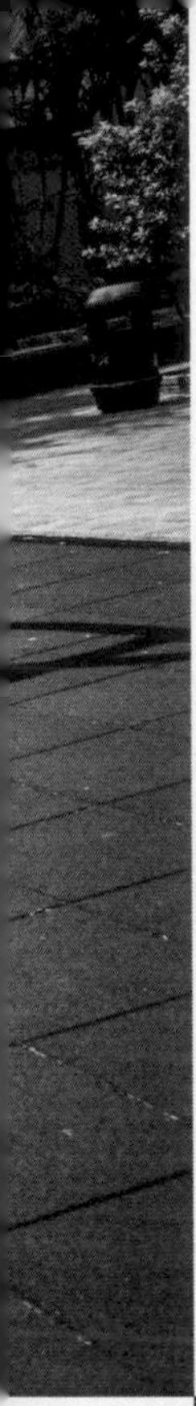

Coca-Cola 歡迎光臨 Coca-Cola

GRANA
In The

EH
2116 1112

泰友會

記海鮮

276

免費社

醫務中心
ance Medical Centre
River

M

GLOs 02　PF0289

新銳文創
INDEPENDENT & UNIQUE

異鄉夢醉
——一個香港女生與九個居港異鄉人的對話

作　　者　艾　禮
攝　　影　艾　禮
責任編輯　鄭伊庭
圖文排版　莊皓云、陳秋霞
封面設計　蔡瑋筠

出版策劃　新銳文創
發 行 人　宋政坤
法律顧問　毛國樑　律師
製作發行　秀威資訊科技股份有限公司
114 台北市內湖區瑞光路76巷65號1樓
電話：+886-2-2796-3638　傳真：+886-2-2796-1377
服務信箱：service@showwe.com.tw
http://www.showwe.com.tw
郵政劃撥　19563868　戶名：秀威資訊科技股份有限公司
展售門市　國家書店【松江門市】
104 台北市中山區松江路209號1樓
電話：+886-2-2518-0207　傳真：+886-2-2518-0778
網路訂購　秀威網路書店：https://store.showwe.tw
國家網路書店：https://www.govbooks.com.tw

出版日期　2020年10月　BOD一版
定　　價　280元

Printed in Taiwan

國家圖書館出版品預行編目

異鄉夢醉：一個香港女生與九個居港異鄉人的對話 / 艾禮
著. -- 一版. -- 臺北市：新銳文創, 2020.10
面；　公分
BOD版
ISBN 978-986-5540-17-3 (平裝)
1. 社會生活 2. 文化 3. 訪談 4. 香港特別行政區

673.84　　　　　　　　　　　　　　109012743

讀者回函卡

感謝您購買本書，為提升服務品質，請填妥以下資料，將讀者回函卡直接寄回或傳真本公司，收到您的寶貴意見後，我們會收藏記錄及檢討，謝謝！

如您需要了解本公司最新出版書目、購書優惠或企劃活動，歡迎您上網查詢或下載相關資料：http:// www.showwe.com.tw

您購買的書名：________________________________

出生日期：________年________月________日

學歷：□高中（含）以下　□大專　□研究所（含）以上

職業：□製造業　□金融業　□資訊業　□軍警　□傳播業　□自由業

□服務業　□公務員　□教職　□學生　□家管　□其它_____

購書地點：□網路書店　□實體書店　□書展　□郵購　□贈閱　□其他

您從何得知本書的消息？

□網路書店　□實體書店　□網路搜尋　□電子報　□書訊　□雜誌

□傳播媒體　□親友推薦　□網站推薦　□部落格　□其他__________

您對本書的評價：（請填代號　1.非常滿意　2.滿意　3.尚可　4.再改進）

封面設計____　版面編排____　內容____　文／譯筆____　價格____

讀完書後您覺得：

□很有收穫　□有收穫　□收穫不多　□沒收穫

對我們的建議：________________________________

____

____

____

請貼
郵票

11466
台北市內湖區瑞光路 76 巷 65 號 1 樓
秀威資訊科技股份有限公司 收
BOD 數位出版事業部

(請沿線對折寄回，謝謝！)

姓　　名：＿＿＿＿＿＿＿＿　年齡：＿＿＿＿　性別：□女　□男

郵遞區號：□□□□□

地　　址：＿＿＿＿＿＿＿＿＿＿＿＿＿＿＿＿

聯絡電話：(日)＿＿＿＿＿＿＿＿＿(夜)＿＿＿＿＿＿＿＿＿

E-mail：＿＿＿＿＿＿＿＿＿＿＿＿＿＿＿＿